Oliver Buslau

111 Werke der klassischen Musik, die man kennen muss

(111)

emons:

Bibliografische Information der Deutschen Nationalbibliothek
Die Deutsche Nationalbibliothek verzeichnet diese Publikation
in der Deutschen Nationalbibliografie; detaillierte bibliografische
Daten sind im Internet über http://dnb.d-nb.de abrufbar.

© Emons Verlag GmbH
Alle Rechte vorbehalten
© der Fotografien: siehe Seite 234
Layout: Eva Kraskes, nach einem Konzept
von Lübbeke | Naumann | Thoben
Kartografie: altancicek.design, www.altancicek.de
Kartenbasisinformationen aus Openstreetmap,
© OpenStreetMap-Mitwirkende, ODbL
Druck und Bindung: CPI – Clausen & Bosse, Leck
Printed in Germany 2020
Erstausgabe 2017
ISBN 978-3-7408-0236-3
Aktualisierte Neuauflage März 2020

Unser Newsletter informiert Sie
regelmäßig über Neues von emons:
Kostenlos bestellen unter
www.emons-verlag.de

Vorwort

Klassik – also Musik der letzten Jahrhunderte von Bach, Mozart, Beethoven und Kollegen – umgibt uns überall: Wir hören sie im Hintergrund im Restaurant, in Werbespots für Schokolade oder Haarshampoo, in der Telefonwarteschleife oder als Film-Soundtrack. Viele Melodien sind so berühmt, dass sie fast jeder sofort wiedererkennt. Sonaten, Konzerte, Sinfonien oder Opernarien hören sich aber nicht nur schön an. Hinter den Werken verbergen sich auch interessante Geschichten. Und die möchte ich Ihnen in diesem Buch erzählen – in der Hoffnung, dass Ihnen die Klassik nach der Lektüre mehr bedeutet als angenehme Hintergrundmusik.

Die Geschichten handeln von einem Komponisten, der ein Mörder war. Von Rätseln wie der geheimnisvollen »Elise« aus Beethovens Umkreis. Ich verrate Ihnen, mit welcher »Klassik-DNA« Produzenten heute Popmusik heranzüchten. Ich erkläre Ihnen, was Zwölftonmusik ist. Oder warum in einem berühmten Avantgarde-Werk niemand auch nur einen Ton spielt oder singt. Sie werden Bekannten beggnen – etwa der Eurovisionshymne oder der Erkennungsmusik der UEFA Champions League. Auch das sind Klassiker.

Es ist für einen Klassik-Liebhaber wie mich schwer, sich auf 111 Werke (oder 112, wir haben ja in diesem Buch eine Zugabe) zu beschränken. Welche der Beethoven-Sinfonien soll man nehmen? Welche der Mozart-Opern lässt man weg? Welches der über 1.000 Bach-Werke? Ich bin den Weg gegangen, möglichst viele bedeutende Komponisten unterzubringen – mit Werken, die für einen bestimmten Stil stehen und zu denen es Geschichten zu erzählen gibt, die weiter in die Welt der Klassik hineinführen. Einige Geheimtipps sind auch dabei. In diesem Sinne wünsche ich Ihnen viel Spaß beim Lesen – das aber (bitte!) mit Hören verbunden sein sollte. »Beschriebene Musik ist halt wie ein erzähltes Mittagessen!«, seufzte schon der Beethoven-Freund und Dichter Franz Grillparzer.

Lesen Sie also – und hören Sie dann mit neuen Ohren!
Oliver Buslau

111 Werke

1. Gregorianischer Choral (um 600) | Papst Gregor I.
   1.000 Jahre alte Chill-out-Klänge | 10
2. Missa Papae Marcelli (1562) | Giovanni Pierluigi da Palestrina
   Eine Messe für den Papst | 12
3. Madrigale (1594–1611) | Carlo Gesualdo di Venosa
   Musik eines Mörders | 14
4. L'Orfeo (1607) | Claudio Monteverdi
   Der erste Held der Oper | 16
5. Miserere (um 1638) | Gregorio Allegri
   Der junge Mozart als Spion | 18
6. Ballet de la Nuit (1653) | Jean-Baptiste Lully
   Der tanzende »Sonnenkönig« | 20
7. Kanon in D-Dur (zwischen 1677 und 1695) | Johann Pachelbel
   Die Popsong-DNA | 22
8. Te Deum (1692) | Marc-Antoine Charpentier
   Barockhit für die Eurovision | 24
9. La Follia (vor 1700) | Arcangelo Corelli
   Akkordfolge für Verrückte | 26
10. »Brandenburgische Konzerte« (1721) | Johann Sebastian Bach
    Musik für die Schublade | 28
11. Air D-Dur (um 1722) | Johann Sebastian Bach
    Vom Barock zum Rock | 30
12. Die vier Jahreszeiten (1725) | Antonio Vivaldi
    Der Klassik-Hit des »roten Priesters« | 32
13. Coronation Anthems (1727) | Georg Friedrich Händel
    Für den König – und den König Fußball | 34
14. Matthäus-Passion (1727) | Johann Sebastian Bach
    Oper in der Kirche | 36
15. Xerxes (1738) | Georg Friedrich Händel
    »Largo« für einen Kastraten | 38
16. »Teufelstriller-Sonate« (1740) | Giuseppe Tartini
    Musik des Leibhaftigen? | 40
17. Der Messias (1741) | Georg Friedrich Händel
    Klangprächtiges Comeback | 42
18. »Goldberg-Variationen« (1742) | Johann Sebastian Bach
    Musik für einen Schlaflosen | 44

19	Feuerwerksmusik (1749)	Georg Friedrich Händel
	Pyrotechnik mit Hindernissen	46
20	Die Kunst der Fuge (1750)	Johann Sebastian Bach
	Klänge des Universums	48
21	Flötenkonzert Nr. 3 C-Dur (Entstehungszeit unbekannt)	Friedrich II. von Preußen
	Ein König komponiert	50
22	Klavierstücke KV 1 (1761)	Wolfgang Amadeus Mozart
	Erwachen eines Wunderkindes	52
23	Menuett A-Dur (1771)	Luigi Boccherini
	Ein Tänzchen, das Geschichte schrieb	54
24	»Abschiedssinfonie« (1772)	Joseph Haydn
	Wenn Musiker den Dienst verweigern	56
25	Eine kleine Nachtmusik (1787)	Wolfgang Amadeus Mozart
	Serenade mit Rätseln	58
26	Don Giovanni (1787)	Wolfgang Amadeus Mozart
	Ein Wüstling auf der Opernbühne	60
27	»Jupiter-Sinfonie« (1788)	Wolfgang Amadeus Mozart
	Summe der Sinfonik	62
28	Klarinettenkonzert (1791)	Wolfgang Amadeus Mozart
	Abschiedswerk für einen Virtuosen	64
29	Requiem (1791)	Wolfgang Amadeus Mozart
	Kein Bote aus dem Jenseits	66
30	»Sinfonie mit dem Paukenschlag« (1792)	Joseph Haydn
	Plötzliches Erwachen in Takt 16	68
31	»Kaiserquartett« (1797)	Joseph Haydn
	Variationen über das »Lied der Deutschen«	70
32	Andante favori (1803/1804)	Ludwig van Beethoven
	Musik für die »Unsterbliche Geliebte«?	72
33	Requiem c-Moll (1804)	Antonio Salieri
	Totenfeier für den »Mozart-Feind«	74
34	Sinfonie Nr. 5 (1808)	Ludwig van Beethoven
	Schicksal und Revolution	76
35	»Für Elise« (1810)	Ludwig van Beethoven
	Albumblatt für eine Unbekannte	78
36	Der Barbier von Sevilla (1816)	Gioacchino Rossini
	Bestseller aus der Opernfabrik	80
37	Capricen (1817)	Niccolò Paganini
	Das erste Opus des Teufelsgeigers	82
38	»Forellenquintett« (1819)	Franz Schubert
	Ein Quintett als Reisesouvenir	84

39   Der Freischütz (1821) | Carl Maria von Weber
Deutsche Romantik auf der Opernbühne | 86

40   Sinfonie h-Moll »Unvollendete« (1822) | Franz Schubert
Ein Dokument des Scheiterns? | 88

41   Sinfonie Nr. 9 (1824) | Ludwig van Beethoven
Die Sinfonie der Menschheitsverbrüderung | 90

42   »Ave Maria« (1825) | Franz Schubert
Ein Lied aus dem schottischen Hochland | 92

43   Norma (1831) | Vincenzo Bellini (1801–1835)
Die Schicksalspartie der Maria Callas | 94

44   Symphonie fantastique (1830, revidiert 1832) | Hector Berlioz
Opiumrausch als Sinfonie | 96

45   Sinfonie Nr. 4 A-Dur op. 90 »Italienische« (1833) | Felix Mendelssohn
Klänge aus dem sonnigen Süden | 98

46   Soirées musicales op. 6 (1836) | Clara Schumann, geborene Wieck
Klavierstücke im Schatten | 100

47   Kinderszenen op. 15 (1838) | Robert Schumann
Auch für große Leute | 102

48   24 Préludes op. 28 für Klavier (1839) | Frédéric Chopin
Ein Gruß von den Balearen | 104

49   »Gefangenenchor« aus der Oper Nabucco (1842) | Giuseppe Verdi
Geburt einer heimlichen Hymne | 106

50   »Hochzeitsmarsch« (1843) | Felix Mendelssohn
Wenn Shakespeare-Helden heiraten … | 108

51   Ungarische Rhapsodie Nr. 2 c-Moll (1847) | Franz Liszt
Vom Konzertpodium in den Zeichentrickfilm | 110

52   Liebestraum Nr. 3 As-Dur (1850) | Franz Liszt
Heiße Gefühle am Klavier | 112

53   Sinfonie Nr. 3 Es-Dur op. 97 »Rheinische« (1850) | Robert Schumann
Klangbilder vom großen Strom | 114

54   »Ave Maria« (1852) | Charles Gounod
Zwei Komponisten – ein Klassik-Hit | 116

55   Variationen op. 23 (1863) | Johannes Brahms
Ein Gruß der Engel? | 118

56   Tristan und Isolde (1865) | Richard Wagner
Ein Akkord schreibt Musikgeschichte | 120

57   An der schönen blauen Donau op. 314 (1867) | Johann Strauß Sohn
Von Wien um die Welt | 122

58   Violinkonzert Nr. 1 g-Moll op. 26 (1868) | Max Bruch
Fast zu erfolgreich | 124

| 59 | Siegfried-Idyll (1870) | Richard Wagner
Musik auf der Treppe | 126

| 60 | Aida (1871) | Giuseppe Verdi
Eine italienische Oper am Nil | 128

| 61 | Bilder einer Ausstellung (1874) | Modest Mussorgsky
Wenn Bilder Klänge werden … | 130

| 62 | Klavierkonzert Nr. 1 b-Moll op. 23 (1874) | Peter Tschaikowsky
Triumph im fernen Amerika | 132

| 63 | Carmen (1875) | Georges Bizet
Die Femme fatale aus Spanien | 134

| 64 | Die Moldau (1875) | Friedrich Smetana
Mehr als klingende Gewässerkunde | 136

| 65 | Der Ring des Nibelungen (1876) | Richard Wagner
Vier Opern für den »Grünen Hügel« | 138

| 66 | Sinfonie Nr. 1 (1876) | Johannes Brahms
»Beethovens Zehnte«? | 140

| 67 | Sinfonie Nr. 4 (1881) | Anton Bruckner
Sonderling und Spätentwickler | 142

| 68 | Der Karneval der Tiere (1886) | Camille Saint-Saëns
Zoologische Feier im Verborgenen | 144

| 69 | Morgenstimmung (1888) | Edvard Grieg
Berühmtester Tagesanbruch der Musikgeschichte | 146

| 70 | Scheherazade op. 35 (1888) | Nikolai Rimski-Korsakow
Sie erzählte um ihr Leben | 148

| 71 | 3 Gymnopédies (1888) | Erik Satie
Der einsame Meister aus dem »Chat Noir« | 150

| 72 | Clair de Lune aus der Suite bergamasque (1890) | Claude Debussy
Ein Klavier in der Nacht | 152

| 73 | Nussknacker-Suite (1892) | Peter Tschaikowsky
Weihnachtsmärchen als Ballett | 154

| 74 | Sinfonie Nr. 6 h-Moll op. 74 »Pathétique« (1893) | Peter Tschaikowsky
Abgesang mit Geheimnissen | 156

| 75 | Sinfonie »Aus der Neuen Welt« (1893) | Antonín Dvořák
Ein Böhme in New York | 158

| 76 | Méditation aus der Oper Thaïs (1894) | Jules Massenet
Klänge der Läuterung | 160

| 77 | Also sprach Zarathustra op. 30 (1896) | Richard Strauss
Sinfonische Philosophievorlesung | 162

| 78 | Enigma Variationen op. 36 (1899) | Edward Elgar
Britisches Musik-Mystery | 164

79 — Finlandia op. 26 (1899) | Jean Sibelius
Politisch brisante Tondichtung | 166

80 — Sinfonie Nr. 5 cis-Moll (1904) | Gustav Mahler
Ein Brief als »Adagietto« | 168

81 — La Mer (1905) | Claude Debussy
Musik des Ozeans | 170

82 — Le Poème de l'Extase op. 54 (1908) | Alexander Skrjabin
Farbenrausch eines Ultraexzentrikers | 172

83 — The Unanswered Question (1908) | Charles Ives
Der stille Avantgardist | 174

84 — Klavierkonzert Nr. 3 d-Moll op. 30 (1909) | Sergej Rachmaninow
Russisches Weltschmerz-Konzert | 176

85 — Adagio aus der Sinfonie Nr. 10 (1910) | Gustav Mahler
Abschied einer gequälten Seele | 178

86 — Allegro barbaro (1911) | Béla Bartók
Das Klavier als Schlagzeug | 180

87 — Der Rosenkavalier (1911) | Richard Strauss
Zurück zu den Perücken | 182

88 — Le sacre du printemps (1913) | Igor Strawinsky
Skandalwerk mit Folgen | 184

89 — Die Planeten op. 32 (1916) | Gustav Holst
Götter aus dem All | 186

90 — Pacific 231 (1923) | Arthur Honegger
Eine Lokomotive im Konzertsaal | 188

91 — Klaviersuite op. 25 (1923) | Arnold Schönberg
Neue Regeln für zwölf Töne | 190

92 — Rhapsody in Blue (1924) | George Gershwin
Klassik-Triumph eines Songschreibers | 192

93 — Turandot (1924) | Giacomo Puccini
Schlaflos in Peking | 194

94 — Römische Trilogie (1916–1928) | Ottorino Respighi
Der »Sound« der Ewigen Stadt | 196

95 — Boléro (1928) | Maurice Ravel
Klangfarbenstudie mit Sex-Appeal | 198

96 — Klavierkonzert für die linke Hand D-Dur (1930) | Maurice Ravel
Virtuos mit links | 200

97 — Violinkonzert (1935) | Alban Berg
Geigenspiel für eine Tote | 202

98 — Porgy and Bess (1935) | George Gershwin
Die Welt der Schwarzen auf der Opernbühne | 204

| 99 | Adagio for Strings (1936) | Samuel Barber
Das traurigste Stück der Welt | 206

| 100 | Carmina Burana (1937) | Carl Orff
Szenen aus dem Mittelalter | 208

| 101 | Concierto de Aranjuez (1939) | Joaquin Rodrigo
Klingendes Denkmal für eine königliche Residenz | 210

| 102 | Quartett für das Ende der Zeiten (1941) | Olivier Messiaen
Apokalypse im Gefangenenlager | 212

| 103 | »Leningrader Sinfonie« (1941) | Dmitri Schostakowitsch
Eine Sinfonie des Krieges | 214

| 104 | Bachianas Brasileiras (1930–1944) | Heitor Villa-Lobos
Klassik aus den Tropen | 216

| 105 | Metamorphosen (1945) | Richard Strauss
Klage eines 80-Jährigen | 218

| 106 | 4'33" (1952) | John Cage
Stille, die keine ist | 220

| 107 | West Side Story (1957) | Leonard Bernstein
Straßenkämpfe zwischen den Genres | 222

| 108 | Adagio nach Albinoni (1958) | Remo Giazotto
Das Werk, das es nicht gibt | 224

| 109 | Poème symphonique (1962) | György Ligeti
Ein »Folterinstrument« macht Musik | 226

| 110 | Sinfonie der Klagelieder (1976) | Henryk Górecki
Der Chartbreaker vom Neue-Musik-Festival | 228

| 111 | Fratres (1977) | Arvo Pärt
Klanggebäude aus der Weltformel | 230

| 112 | Zugabe: Flohwalzer (Entstehungsdatum unbekannt) | Anonym
Polka, Walzer oder Katzenmarsch? | 232

Hier finden Sie die kostenlose Spotify-Playlist!

Profil: Oliver Buslau
Playlist: 111 Werke der klassischen Musik, die man kennen muss

PAPST GREGOR I. (UM 540-604)

1 Gregorianischer Choral
(um 600)
1.000 Jahre alte Chill-out-Klänge

Sucht man nach den frühesten Klassik-Werken, landet man beim »gregorianischen Choral« – der ältesten bis heute kontinuierlich gepflegten europäischen Musikform. Benannt ist er nach Papst Gregor dem Großen, der 590 bis 604 das Amt des christlichen Kirchenoberhaupts bekleidete. Alte Bildnisse zeigen ihn, wie er die weit geschwungenen, von strenger Schönheit und großer Ruhe geprägten Melodien diktiert – flankiert von einer weißen Taube. Sie symbolisiert den Heiligen Geist, der Gregor die Töne einflüstert. Doch Gregor hat die Choralmelodien nicht geschrieben. Seit der Ausbreitung des Christentums über ganz Europa hatte man den Gottesdiensten je nach Region ganz unterschiedliche Gesänge »einverleibt«. Je unabhängiger und weiter entfernt die Klöster und Bistümer von Rom waren, desto freier wurden sie auch in ihrer Gottesdienstgestaltung. Dem schob Gregor einen Riegel vor: Er legte nicht nur eine verbindliche Sammlung an. Er gründete auch in Rom einen Chor mit speziell ausgebildeten Sängern, die »Schola cantorum«. Nach deren Vorbild wurde bald auch in anderen kirchlichen Hochburgen der Choral gepflegt – von Rom bis Winchester, von Montserrat bis Köln. Eine ganz besondere Bedeutung hatte dafür die Erfindung der Notenschrift: Erst um 900 war man in der Lage, Noten so aufzuschreiben, dass sie mehr waren als eine Gedächtnisstütze und auch von Menschen interpretiert werden konnten, die das darin aufgeschriebene Stück nicht kannten.

Lange war der gregorianische Choral untrennbar mit Klöstern und Kirchen verbunden – bis er Anfang der 90er Jahre des 20. Jahrhunderts in den Charts auftauchte. Pop-Produzenten wie Michael Cretu von der Gruppe Enigma hatten ihn entdeckt. Das machte auch die Originale populär: Die Gesänge der Mönche des spanischen Klosters Benedictino de Santo Domingo de Silos werden heute als »Chill-out«-Musik vermarktet.

Säulengang des Klosters Benedictino de Santo Domingo de Silos in Spanien. Hier entstanden Aufnahmen mit Gregorianischen Gesängen, die sogar die Charts eroberten.

GIOVANNI PIERLUIGI DA PALESTRINA (UM 1525-1594)

2 Missa Papae Marcelli
(1562)
Eine Messe für den Papst

Als großer Vollender der mittelalterlichen Kompositionskunst, als klassischer Meister der römischen Kirchenmusik gilt Giovanni Pierluigi da Palestrina, den eine solch mythische Aura umgibt, dass er sogar selbst zum Helden einer Oper wurde – komponiert vom deutschen Spätromantiker Hans Pfitzner im Jahre 1917.

Die überirdische Schönheit von Palestrinas Kirchenmusik, geschrieben für die Sixtinische Kapelle in Rom und damit für die Messen, die der Papst als Bischof der »Ewigen Stadt« höchstpersönlich zelebrierte, ließ ihn zur Musiklegende werden, die die Gesetze der »Weltharmonie« fast 1.000 Jahre nach den ersten Aufzeichnungen des einstimmigen gregorianischen Chorals wie kein Zweiter beherrschte. Als sein Hauptwerk gilt die 1562 vollendete »Missa Papae Marcelli« (»Messe für Papst Marcellus«).

Palestrina steht am Ende der großen Entwicklung der mehrstimmigen Sakralmusik, die im Mittelalter ihren Anfang genommen hatte. Dass sich der Komponist um die traditionellen Werte (und damit um die alten musikalischen Techniken) verdient machte, hat einen historischen Grund: Palestrina lebte in der Zeit der Gegenreformation, in der sich das religiöse Leben vertiefte und in der auch vonseiten des Vatikans eine Neubewertung der Kirchenmusik erfolgte. Von 1545 bis 1563 tagte in Trient das sogenannte »Tridentiner Konzil«, auf dem konservative Kräfte versuchten, in einer Art Umkehrung der Geschichte die mehrstimmige Musik zugunsten der unmittelbaren Textverständlichkeit völlig aus der Kirche zu verbannen und zum alten gregorianischen Choral zurückzukehren. Palestrina soll der Legende nach mit der »Missa Papae Marcelli« bewiesen haben, dass sich die geistlichen Anforderungen mit den Möglichkeiten der kunstvollen Mehrstimmigkeit verbinden ließen. Das machte ihn zum »Retter der Kirchenmusik«.

Der Petersdom in Rom. In dieser Stadt wirkte Giovanni Pierluigi da Palestrina als »Retter der Kirchenmusik«.

CARLO GESUALDO DI VENOSA (UM 1561–1613)

3 Madrigale (1594–1611)
Musik eines Mörders

Er war einer der experimentierfreudigsten Komponisten der Spätrenaissance – und ein Mörder. In der Chronik seiner Heimatstadt Neapel steht geschrieben, dass der italienische Fürst Carlo Gesualdo di Venosa Selbstjustiz in einem Eifersuchtsdrama übte. Wegen seines adeligen Standes blieb er nach den Gepflogenheiten der Zeit straffrei, solange es ihm gelang, einem Racheanschlag zu entgehen.

1586 wurde Gesualdo regierender Fürst von Venosa und heiratete eine gewisse Maria d'Avalos – eine berühmte Frau, deren Schönheit Dichter inspirierte. Vier Jahre währte die Ehe, da ließ sich Maria mit einem Liebhaber erwischen. Gesualdo tötete seine Frau, den Nebenbuhler und eine Tochter, deren Legitimität er bezweifelte. Nach der Tat zog er sich aus Furcht vor Rache in sein Schloss zurück. Er heiratete 1594 ein zweites Mal, übrigens eine Frau aus der angesehenen Familie d'Este.

In der Zurückgezogenheit schuf Gesualdo Madrigale. Diese zu seiner Zeit verbreitete Gattung der Vokalmusik zieht viele Register der bildlichen Textausdeutung. Gesualdo überschritt die harmonischen Regeln seiner Epoche so vehement, dass manche der Werke streckenweise klingen, als seien sie im Umfeld der atonalen Musik des 20. Jahrhunderts entstanden. So, wie er sich der irdischen Gerichtsbarkeit entzog, so räumte Gesualdo auch viele grundlegende schulmeisterliche Tonsatzregeln beiseite. Bis heute gibt sein Werk Rätsel auf. War er ein Wahnsinniger, der sich in extrem individuellen Klangphantasien verlor? Oder war er ein Visionär, der die harmonischen Wagnisse der Spätromantik und der Frühmoderne voraussah? Wahrscheinlich sind seine Werke auch Zeugnisse der Verzweiflung über seine Tat. 1596 kehrte er nach Neapel zurück und verbrachte die letzten Jahre seines Lebens gequält von Depressionen, Selbstvorwürfen und krankhafter Melancholie. Auch seine zweite Ehe soll unglücklich gewesen sein.

Mörder und Musiker: Carlo Gesualdo di Venosa.

CLAUDIO MONTEVERDI (1567–1643)

4 L'Orfeo (1607)
Der erste Held der Oper

Der antike Sänger Orpheus, der mit seiner Musik wilde Tiere besänftigen konnte und sogar Steine zum Weinen brachte, faszinierte die Komponisten über Jahrhunderte. Kein Wunder: Schließlich war der griechische Sänger, der in einer dramatischen Geschichte vergeblich seine verstorbene Geliebte Eurydike aus dem Totenreich zu befreien versuchte, so etwas wie ein großer Kollege.

Ende des 16. Jahrhunderts hatten die antiken Stoffe im Zuge der Renaissance in Italien eine Wiederauferstehung gefeiert. Ein kleiner Kreis von Musikern, Gelehrten und Adeligen träumte davon, auch die antiken Tragödien wieder aufzuführen. Man hatte in den alten Quellen gelesen, dass diese Dramen nicht gesprochen, sondern in einer Art Sprechgesang aufgeführt worden waren. Das wollte man nachahmen. So entstand eine neue Art von Musikwerk, das bis heute eine ganz besondere Faszination ausüben sollte: die Oper.

Claudio Monteverdi war nicht der erste Opernkomponist, aber der erste, der die neue Gattung bedeutend machte. Schon im Jahre 1600 war in Florenz der Orpheus-Stoff in einer Oper namens »Euridice« von Giulio Caccini und Jacopo Peri aufgeführt worden. Sieben Jahre später erklang Monteverdis »L'Orfeo« in der Karnevalszeit in Mantua am fürstlichen Hof. Adelige Repräsentation war übrigens bis Ende des 18. Jahrhunderts eine typische Gelegenheit für Opernpremieren. Öffentliche Opernhäuser für alle Bürger entstanden übrigens erst zu Monteverdis Lebzeiten. Das erste öffnete seine Pforten 1637.

»L'Orfeo« war für Monteverdi der Auftakt zu einer großen Karriere: 1608 schuf er anlässlich der Hochzeit des Markgrafen von Mantua die heute leider fast vollständig verschollene Oper »L'Arianna«. 1612 ging er nach Venedig. Dort entstanden 1640 »Il ritorno d'Ulisse in patria« (»Die Heimkehr des Odysseus ins Vaterland«) und 1642 »L'incoronazione di Poppea« (»Die Krönung der Poppea«).

Sänger und Held der ersten berühmten Oper überhaupt: Orpheus beim vergeblichen Rettungsversuch seiner Geliebten Eurydike auf einem barocken Gemälde von Alessandro Varotari.

GREGORIO ALLEGRI (1582–1652)

5 Miserere (um 1638)
Der junge Mozart als Spion

Wer ein Geheimnis hüten will, sollte sich vor Supertalenten in Acht nehmen. Als Wolfgang Amadeus Mozart – eines der großen Wunderkinder der Musikgeschichte – auf einer seiner Bildungsreisen im April 1770 nach Rom kam, hörte er in der Sixtinischen Kapelle das »Miserere« von Gregorio Allegri – geschrieben für neunstimmigen Chor und vom Vatikan exklusiv für die päpstlichen Gottesdienste in der Ewigen Stadt beansprucht. Das Werk durfte weder woanders aufgeführt noch in Notenabschriften verbreitet werden.

Der damals 14-jährige Mozart besaß jedoch die Begabung, selbst komplizierteste Musik nach einmaligem Hören aus der Erinnerung niederschreiben zu können. Kaum war er in die Unterkunft zurückgekehrt, schrieb er aus dem Gedächtnis die Partitur nieder. Es ist den Briefen, die Vater Leopold seiner Frau nach Salzburg schrieb, zu verdanken, dass wir darüber heute so gut informiert sind – auch darüber, dass er nicht wagte, die Arbeit seines Sohnes in die Heimat zu schicken. Die Abschrift, deren Entdeckung sogar Wolfgang Amadeus Mozarts Exkommunikation zur Folge hätte haben können, durfte ja nicht in falsche Hände geraten.

Das »Miserere«, eine Vertonung des 51. Psalms, ist die einzige wirklich berühmte Komposition von Gregorio Allegri geblieben. Viele Reisende lauschten dem meditativen Werk bei Rombesuchen – darunter Johann Wolfgang von Goethe und Felix Mendelssohn. Die Aufführung war Teil der liturgischen Feierlichkeiten der Karwoche, also einer im Kirchenjahr besonders wichtigen Zeit, in der man der Kreuzigung Christi gedachte. Um 1638 hatte Allegri das Werk genau dafür komponiert.

Großen Eindruck machte auf die Zuhörer, dass bei jeder Psalmzeile eine Kerze ausgelöscht wurde. Das »Miserere«, das in allmählichen Steigerungen in dem gewaltigen, immer dunkler werdenden Kirchenraum erklang, wurde so zum Bestandteil eines »sakralen Gesamtkunstwerks«.

Michelangelos berühmtes Deckengemälde in der Sixtinischen Kapelle. Hier besaß das »Miserere« von Gregorio Allegri eine besonders exklusive Aufführungstradition.

JEAN-BAPTISTE LULLY (1632–1687)

6 Ballet de la Nuit (1653)
Der tanzende »Sonnenkönig«

Man nannte ihn den »Sonnenkönig«. Wie der beherrschende Himmelsplanet sollte er sein ganzes Reich erleuchten – Ludwig XIV. (1638–1715), der absolute Monarch, der diesen Rang auch äußerlich zu inszenieren wusste. Vor allem die imposante, damals einzigartige Schlossanlage in Versailles und die verschwenderische Prachtentfaltung, von der das höfische Leben dort bestimmt war, standen für seinen Lebensstil. Der Beiname »Sonnenkönig« hat allerdings auch einen anderen Ursprung: 1653 stellte Ludwig, selbst ein begeisterter Musikliebhaber und Tänzer, in einer großen Ballettaufführung die Sonne dar, die im Kampf mit der Nacht liegt und in einem gewaltigen Finale für das ersehnte Ende der Dunkelheit sorgt. Natürlich war das »Ballet de la Nuit« mehr als adelige Unterhaltung: Es war Königspropaganda mit den Mitteln des Theaters.

Der Komponist zumindest eines Teils dieses Werkes gehört zu den schillerndsten Persönlichkeiten der Barockzeit: Jean-Baptiste Lully kam aus Italien und wurde mit 21 Jahren Leiter der königlichen Instrumentalmusik. Das waren die »24 Violons du Roy« – ein Streicherensemble, das für die Musik bei Hofe zu sorgen hatte. Als Theatermusiker arbeitete er mit dem Komödiendichter Molière zusammen. Außerdem schuf er die französische Variante der Barockoper, die besonders stark vom Ballett geprägt war. Lully war darüber hinaus einer der ersten Dirigenten im heutigen Sinne. In seiner Zeit und noch lange nach ihm war der musikalische Leiter entweder ein Pianist, der aus der Partitur mitspielte, oder der Erste Geiger, der mit dem Bogen die Einsätze gab. Lully dagegen gab den Takt mit einer dicken, senkrecht gehaltenen Stange an, die er auf und ab bewegte. Einer Anekdote zufolge soll der strenge Maestro zornig mit diesem Taktstock so ungünstig nach unten gestoßen haben, dass er sich eine Verletzung am Fuß zufügte und an einer Blutvergiftung starb.

Die Sonne als Symbol des französischen Königs Ludwig XIV. ist auch als Verzierung an einem Zaun von Schloss Versailles zu finden.

JOHANN PACHELBEL (1653–1706)

7 Kanon in D-Dur
(zwischen 1677 und 1695)
Die Popsong-DNA

»Streets of London«, »Go West«, »When a Man Loves a Woman«, »La Maladie d'amour« oder »Wenn ein Mensch lebt« von den Puhdys: All diese und noch unzählige weitere Songs besitzen eine Art harmonischer »DNA«, die bereits vor Jahrhunderten die Musikwelt begeisterte. Es ist die Akkordfolge aus dem »Kanon« von Johann Pachelbel – einem aus Nürnberg stammenden Komponisten der Generation vor Johann Sebastian Bach.

Das Stück entwickelt sich über einer aus acht Tönen bestehenden, ständig wiederholten Basslinie, die auch die Akkordmuster der zugrunde liegenden Harmoniefolge generiert. Man kann annehmen, dass Pachelbel nicht der Erste war, der diese harmonische »Formel« verwendet hat. Ihre Geschichte reicht historisch wohl weit zurück. Wie in der modernen Popmusik und im Jazz kommt es aber gar nicht auf die Quelle an, sondern darauf, was der Komponist daraus macht. Pachelbel legte über die Bassformel einen strengen Kanon dreier Geigenstimmen. Zusammen mit den pendelnden Figuren in der Tiefe wächst das Werk zu hypnotischen, in sich selbst ruhenden Kreisen. Zu Pachelbels Zeit nannte man dieses Prinzip, über einen gegebenen Bass und eine gegebene Harmoniefolge ein Stück zu entwickeln, »Passacaglia« oder »Chaconne«. Die beiden Begriffe bezeichnen alte Tanztypen.

Johann Pachelbel wird dieses heute so überaus bekannte und viel zitierte und bearbeitete Werk gar nicht zu seinen besten gezählt haben. Er wurde vor allem als Komponist von Orgelwerken geschätzt. Mit 20 Jahren kam er nach Wien und 1677 nach Eisenach, wo er Ambrosius Bach kennenlernte – den Vater des berühmten Johann Sebastian, der erst acht Jahre später geboren werden sollte. Was kaum beachtet wird: Der »Kanon« ist nur der erste Teil eines zweisätzigen Werkes. Es schließt sich noch eine Gigue – ein lebhafter Tanz im Sechsachteltakt – an.

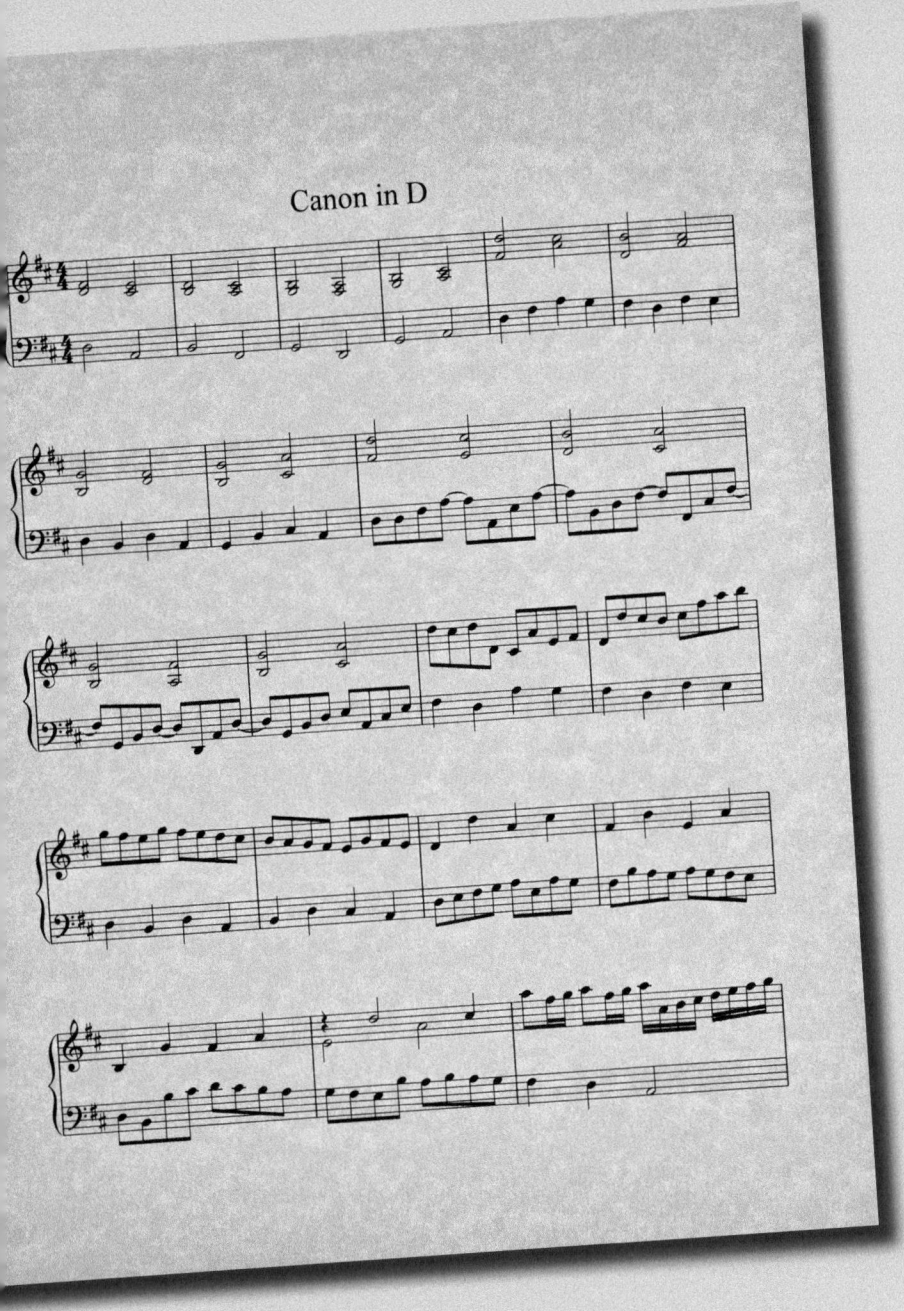

Der Kanon von Pachelbel – im Original für drei Violinen und Bass komponiert – ist Grundlage für viele Bearbeitungen. Hier der Beginn einer Fassung für Klavier mit variierter Bass-Stimme.

MARC-ANTOINE CHARPENTIER (1643–1704)

8 Te Deum (1692)
Barockhit für die Eurovision

Frage: Was haben Fernsehsendungen wie der »Eurovision Song Contest« oder die »Stadlshow« gemeinsam? Antwort: Vor Beginn erklingt eine festliche Trompetenmelodie, die bis zu ihrem Einsatz als »Eurovisionshymne« im Jahre 1954 ein Schattendasein führte.

Im Grunde gilt das immer noch für das gesamte Werk, aus dem dieses Stück stammt. Die Hymne ist nur die festliche Einleitung eines »Te Deum« aus der Feder des französischen Komponisten Marc-Antoine Charpentier. Man hört es den wenigen Takten schon an: Charpentier war ein Meister der pompösen, typisch barocken Prachtentfaltung, wie sie der legendäre französische König Ludwig XIV. liebte. Der Komponist, über dessen Jugend und Ausbildung wenig bekannt ist, stand zwar nicht direkt in dessen Diensten, doch seine Musik begeisterte den »Sonnenkönig« so sehr, dass er ihm eine Pension zahlte.

Eng verbunden war Charpentier auch mit dem königlichen Hofdichter Molière. Für etliche von dessen Komödien schrieb er Schauspielmusiken. Außerdem umfasst sein Œuvre eine Fülle von Opern und natürlich Kirchenmusik wie das in seiner Gesamtheit etwa halbstündige »Te Deum« – ein prachtvoller vielteiliger Dankgesang, dessen Entstehungszeit man nicht genau kennt. Manche Musikforscher glauben, dass das Werk anlässlich des französischen Sieges bei der »Schlacht von Steinkerque« im August 1692 entstand – eine der vielen Auseinandersetzungen in den Wirren des Pfälzischen Erbfolgekrieges.

Die Fernsehgeschichte von Charpentiers »Prélude« begann genau am 6. Juni 1954. Die Eurovision übertrug damals das Narzissenfest im schweizerischen Montreux. Wesentlich populärer waren später natürlich Blockbuster wie »Aktenzeichen XY... ungelöst«, »Verstehen Sie Spaß?« oder »Wetten, dass..?«. Auch beim jährlichen »Neujahrskonzert« lassen die Wiener Philharmoniker Charpentier den Vortritt vor all den Walzern und Polkas aus der Donaumetropole.

Himmlische Trompeten auf Erden: Was wir heute als »Eurovisionshymne« kennen, war eigentlich als festliche Kirchenmusik gedacht.

ARCANGELO CORELLI (1653–1713)

9 — La Follia (vor 1700)
Akkordfolge für Verrückte

Die Geschichte der klassischen Musik ist auch eine Geschichte der Ohrwürmer. Manche erleben in aktuellen Pop-Hits eine Art Wiederauferstehung. So zum Beispiel im Fall des Titels »Conquest of Paradise«, geschrieben vom griechischen Filmkomponisten Vangelis als Soundtrack zu »1492 – Die Eroberung des Paradieses«. Die Akkordfolge, auf der die dahinschreitende Melodie in Moll basiert, ist uralt und stellt sogar einen historischen Bezug zu Christoph Kolumbus her. Unter dem Namen »La Follia« (»Verrücktheit«) ist sie seit etwa 1500 – also in der Zeit der Entdeckung Amerikas – als Tanzweise in Spanien nachweisbar und eroberte als Improvisationsgrundlage die ganze Welt.

Seit damals messen Komponisten ihr Können an dieser harmonischen Fortschreitung, deren Erfolg durchaus vergleichbar mit dem des Blues-Schemas ist, das ja auch Generationen von Musikern inspirierte und immer noch inspiriert.

Einer der prominentesten Verfasser einer virtuosen Variationsfolge über »La Follia« war der italienische Barockmeister Arcangelo Corelli. Er schuf kurz vor der Wende zum 18. Jahrhundert den barocken Instrumentalstil, den wir heute lieben. Er war der Pionier, der die Musiksprache eines Vivaldi oder Händel zum Standard machte. In seinen »Concerti grossi« revolutionierte Corelli die Orchestermusik, in seinen Violinsonaten, die der Geigenvirtuose vor allem für eigene Darbietungen schrieb, die Kammermusik. Die zwölfte Sonate seiner Sammlung op. 5 ist – nicht zufällig als krönender Abschluss – ganz allein dem Follia-Thema gewidmet, das Corelli so virtuos verarbeitete, dass die Variationen geradezu als Kompendium der Violintechnik der Zeit gelten können.

Aus einem Ort in der Nähe von Ravenna stammend, kam Corelli als junger Mann nach Rom, wo er für die musikalischen Vergnügungen von Kirchenfürsten wie Kardinal Pamphili sorgte. Der »verrückte Ohrwurm« hatte daran sicher auch seinen Anteil.

Der römische Palast des Kardinals Pamphili, der den Komponisten Arcangelo Corelli förderte.

JOHANN SEBASTIAN BACH (1685–1750)

10 »Brandenburgische Konzerte« (1721)
Musik für die Schublade

Der Name des preußischen Prinzen Markgraf Christian Ludwig von Brandenburg-Schwedt wäre sicher eher im Dunkel der Geschichte verschwunden, hätte der Adelige nicht für seine Privatkonzerte im Berliner Stadtschloss bei einem Komponisten eine Reihe von Instrumentalwerken bestellt. Es war Johann Sebastian Bach, damals Kapellmeister am Hofe von Köthen, der daraufhin die berühmten »Brandenburgischen Konzerte« schrieb. Dass hohe Herren die bei ihnen angestellten Musiker gelegentlich an Standesgenossen »ausliehen«, war in der Barockzeit normal. Es schmeichelte dem Dienstherrn sogar, wenn sein untertäniger Tonsetzer bei anderen seine Künste zeigte.

Was Bach dem preußischen Prinzen lieferte, war eine faszinierende Mischung verschiedenster Sichtweisen des Prinzips »Konzert«. Heute versteht man darunter ein Stück, in dem ein Soloinstrument vom Orchester begleitet wird oder mit ihm wetteifert. Damals war die Gattung noch vielfältiger, auch Gruppen konnten gegen das Orchester antreten, und so experimentierte Bach mit einer großen Fülle an Besetzungen. Die »Six Concerts Avec plusieurs Instruments« (»Sechs Konzerte für verschiedene Instrumente«), wie sie offiziell heißen, warten mit unterschiedlich gemischten Streichergruppen, mit Soloinstrumenten wie Flöte, Horn, Violine, Trompete und Oboe auf. Das fünfte Stück mit seinem verschwenderisch ausgeführten Cembalo-Solopart gilt als erstes Klavierkonzert der Musikgeschichte.

Der Markgraf war Bach in den Jahren 1718 und 1719 in Berlin begegnet, als er für sein Hausorchester ein neues Cembalo kaufen wollte. Das Zusammentreffen hat Großes hervorgebracht, doch Bach hatte nichts davon. Er erhielt kein Honorar. Der Markgraf ließ die Werke wahrscheinlich noch nicht einmal aufführen. Erkannte er ihren Wert nicht? Ein anderer möglicher Grund: Die Stücke waren für die preußischen Musiker vielleicht einfach zu schwer …

Bild oben: Christian Ludwig, Markgraf von Brandenburg-Schwedt. In seinem Auftrag entstanden Bachs »Brandenburgische Konzerte«. **Bild unten:** Meisterwerk und finanzieller Flop: Anfang des Brandenburgischen Konzerts Nr. 1 in Bachs Originalhandschrift.

JOHANN SEBASTIAN BACH (1685-1750)

11 Air D-Dur (um 1722)
Vom Barock zum Rock

Es soll ja Leute geben, die Bachs berühmtes »Air« an das schwerelose Schweben von Luftschichten erinnert – und sie bringen damit auch den Namen dieser Komposition (Air = Luft) in Verbindung. Doch das Wort leitet sich aus dem italienischen »Aria« ab, was so viel wie »Melodie« oder »Lied« bedeutet. Wer Bachs »Air« mit seinen verschlungenen Streicherlinien über einem sanft hingetupften Bass heute hört, denkt selten daran, dass es zu einer insgesamt fünfsätzigen Suite (Suite Nr. 3 D-Dur BWV, also Bachwerkeverzeichnis, 1068) gehört – einer von einer prachtvollen Ouvertüre eingeleiteten Folge von Tanzstücken, in denen das »Air« eine Atempause bildet, bevor es sehr rhythmisch mit zwei Gavotten, einer Bourrée und einer Gigue weitergeht. Die Gattung der Suite ist typisch für den französischen Barockstil, der besonders stark an Tanzformen gebunden war. Man nimmt an, dass Bach, der ja zeitlebens Deutschland nie verließ, diese Art zu komponieren als Schüler kennenlernte. Der in Eisenach geborene und früh verwaiste Komponist war Internatsschüler in Lüneburg und hatte dort die hauptsächlich aus französischen Musikern bestehende Hofkapelle von Celle hören können, die auch die Suite pflegte.

Das »Air«, das heute zur Standarduntermalung festlicher Anlässe geworden ist, gehört zu den berühmtesten Beispielen dafür, wie Bach Musiker anderer Epochen geprägt hat. Der Geigenvirtuose August Wilhelmj (1845–1908) machte es als »Air auf der G-Saite« zu einem Salonstück.

Als 1967 die Band Procol Harum den Hit »A Whiter Shade of Pale« herausbrachte, begann nicht nur eine Diskussion über den von psychedelischen Bildern geprägten Text. Man feierte den Song auch als erstes Stück Rockmusik, das direkt von Bach beeinflusst wurde. Die absteigende Basslinie, einige harmonische Schritte, die getragene Melodie sind Elemente, die auf das »Air« zurückzuführen sind.

Das wahrscheinlich einzige authentische Porträt von Johann Sebastian Bach – gemalt von Elias Gottlob Haußmann im Jahre 1746.

ANTONIO VIVALDI (1678–1741)

12 Die vier Jahreszeiten
(1725)

Der Klassik-Hit des »roten Priesters«

»Vivaldi wird sehr überschätzt, ein langweiliger Mensch, der ein und dasselbe Konzert 600-mal hintereinander komponieren konnte.« Dieses Zitat von Igor Strawinsky drückt das Misstrauen aus, das Künstler gegen sogenannte »Vielschreiber« hegen: Wer eine riesige Anzahl von Kompositionen hinterlässt, muss auf Klischees zurückgegriffen haben. Strawinsky irrt. Allein mit seinen Violinkonzerten, die er unter dem Titel »Die vier Jahreszeiten« (»Le quattro stagioni«) zusammenfasste, schrieb Vivaldi eines der originellsten und erfolgreichsten Klassik-Werke. Die Anzahl der Einspielungen ist unüberschaubar. Die Interpretationen von Anne-Sophie Mutter und Nigel Kennedy sorgten für Rekorde bei den Verkaufszahlen. Auch als Mensch war Antonio Vivaldi alles andere als langweilig. Im turbulenten Venedig des 18. Jahrhunderts verprasste damals die höhere Gesellschaft den in vielen Generationen angesparten Reichtum der Handelsmetropole. Die Sitten waren deutlich lockerer als andernorts in Europa.

Um versorgt zu sein, wurde Vivaldi Geistlicher. Wegen seines roten Haars nannte man ihn den »roten Priester«. Aus gesundheitlichen Gründen ließ er sich von der Pflicht zum Messelesen befreien. Etliche seiner Werke, von denen übrigens viele illustrativen Charakter besitzen und Vogelstimmen oder Natureindrücke darstellen, entstanden für Mädchen eines Waisenhauses, die ihren Unterhalt mit hochgerühmten Konzerten verdienten. Als Vivaldi begann, Opernaufführungen zu veranstalten, eckte er bei den Kirchenoberen an. Man provozierte das Verbot einer Produktion in Ferrara, in die der »rote Priester« viel Geld gesteckt hatte. Vivaldi musste Venedig verlassen und suchte sein Glück in Wien, wo er verarmt starb. Die »Jahreszeiten« erschienen 1725. Zu dieser Zeit war Vivaldi Kapellmeister an einem Hof in Mantua. Hier erlebte er abseits der Lagunenstadt die Natur des Festlandes, die ihn wohl inspirierte.

Eine der berühmtesten historischen Kulissen der Welt: In Venedig feierte Antonio Vivaldi Triumphe. Inspiration für seine »Vier Jahreszeiten« holte er sich aber wahrscheinlich auf dem Festland.

GEORG FRIEDRICH HÄNDEL (1685–1759)

13_ Coronation Anthems (1727)
Für den König – und den König Fußball

»Georg Friedrich Händel 250 Jahre in den Charts. Da muss man schon wirklich gut sein.« Mit diesem Slogan warb vor einigen Jahren der Klassiksender des Bayerischen Rundfunks in einem Video. Zu sehen war Händel, wie man ihn von vielen Bildern kennt – als barocke Erscheinung mit Perücke, Schnallenschuhen und reich verziertem Rock. Ähnlich wie einst die Beatles oder die Rolling Stones sah man ihn, wie er, verfolgt von Massen kreischender Fans, vom Flugzeug zum Konzert hetzt und dann in eine Luxuslimousine flüchtet.

Die Aussage ist nicht übertrieben. Anders als sein Zeitgenosse Johann Sebastian Bach war Händel tatsächlich nicht nur ein Superstar seiner Zeit. Auch nach seinem Tod riss die Beliebtheit seiner Musik nicht ab. Schon in jungen Jahren berühmt als Organist, Cembalist und Schöpfer mitreißender Werke, nahm der in Halle geborene Musiker sogar das musikverwöhnte Italien – damals Maßstab in allen musikalischen Dingen – für sich ein.

Eine entscheidende Wendung nahm seine Karriere, als er kurz in Diensten des Kurfürsten Georg Ludwig von Hannover stand. Das Haus Hannover sollte bald auf den englischen Thron gelangen. Händel hatte schon 1711 mit der Oper »Rinaldo« dafür gesorgt, dass sein Name in London bekannt wurde. Als der Kurfürst dann 1714 als George I. den englischen Thron bestieg, machte er Händel zum königlichen Hofmusiker. 13 Jahre später starb der König, und für die Inthronisationsfeierlichkeiten seines Nachfolgers George II. komponierte Händel mehrere »Coronation Anthems« – überaus prachtvolle Chorwerke mit Orchesterbegleitung, die heute noch Millionen faszinieren, nicht zuletzt die Fußballfans. Eines der Werke, »Zadok the Priest«, war für den Komponisten Tony Britten 1992 das Grundmaterial für die Hymne der UEFA Champions League. Händels Originalwerk hatte noch bis zu Elisabeth II. seinen festen Platz in den britischen Krönungsfeierlichkeiten.

Jubel über Fußballsiege: Georg Friedrich Händel lieferte die Vorlage für den passenden »Soundtrack«.

JOHANN SEBASTIAN BACH (1685–1750)

14 Matthäus-Passion (1727)
Oper in der Kirche

Johann Sebastian Bach war Spross einer großen Musikerfamilie, die etwa 200 Jahre lang das Musikleben vor allem in Thüringen bestimmte. Dass wir ihn heute selbstverständlich als »den« Bach ansehen, wäre früheren Zeitgenossen unverständlich vorgekommen. Nach seinem Tod 1750 verschwand er fast aus dem Gedächtnis. Der Stil seiner Söhne (etwa Carl Philipp Emanuel oder Johann Christian Bach) war moderner, populärer. Diese »Bachs« waren seinerzeit weitaus berühmter.

Für die Wiederentdeckung des »großen« Bach sorgte der spätere Kollege Felix Mendelssohn (1809–1847). Er holte 1829 mit einer sensationellen Aufführung in Berlin die »Matthäus-Passion« aus dem Dornröschenschlaf des Vergessens. Der Musikschriftsteller Adolf Bernhard Marx, der über das Ereignis berichtete, bezeichnete die Passion voller Begeisterung als das »größte und heiligste Werk der Tonkunst aller Völker«. Friedrich Nietzsche schrieb 1870: »Wer das Christentum völlig verlernt hat, der hört es hier wirklich wie ein Evangelium.« Zitate dieser Art lassen sich unendlich viele finden.

Wie die Passionen nach den Texten anderer Evangelisten hat auch die »Matthäus-Passion« die Leiden Christi bei der Kreuzigung zum Thema. Bach, der in Leipzig ab 1723 für die Musik in der Nikolai- und der Thomaskirche zuständig war, schrieb das Werk (wie auch seine anderen Passionen) für den Karfreitagsgottesdienst. Das Uraufführungsjahr dürfte 1727 gewesen sein. Als das Werk erstmals in der Thomaskirche erklang, erwartete das Publikum eine etwa drei Stunden dauernde, hochdramatische Darstellung des biblischen Geschehens mit Chören, Arien, Chorälen und erzählenden Passagen, die es mit jeder Oper aufnehmen kann.

»Behüt's Gott, ihr Kinder! Ist es doch, als ob man in einer Opera-Comödie wäre«, soll eine Besucherin ausgerufen haben. Was sie abwertend meinte (eine Oper gehört nicht in die Kirche!), entpuppte sich als Stärke.

Das Bach-Denkmal in Leipzig neben der Thomaskirche – der einstigen Wirkungsstätte des Komponisten und Uraufführungsort der »Matthäus-Passion«.

GEORG FRIEDRICH HÄNDEL (1685–1759)

15 Xerxes (1738)
»Largo« für einen Kastraten

Eine der berühmtesten Melodien von Georg Friedrich Händel ist unter dem Titel »Largo« bekannt. Im Laufe der Jahrhunderte hat das getragene Stück, das oft als Untermalung für Feierlichkeiten aller Art herangezogen wird, unzählige Bearbeitungen erlebt. Im Original handelt es sich beim »Largo von Händel« um die Arie »Ombra mai fu« aus der Oper »Xerxes« (im italienischen Original »Serse«) – eine in der Antike spielende Geschichte um den berühmten Perserkönig, der in diesem Stück, das gleich am Beginn der Oper erklingt, den kühlen Schatten einer Platane preist.

Händel hatte in seiner Wahlheimat London nicht nur als Komponist, sondern auch als Opernunternehmer Furore gemacht. Mehrmals vom Bankrott bedroht, versuchte er, die Tradition der italienischen Oper in der Themsemetropole hochzuhalten. Dabei setzte er auf einen Starkult, wie er heute noch im Showgeschäft üblich ist. Und die Stars der damaligen Zeit waren die legendären Kastraten – Männer, bei denen man in jungen Jahren eine grausame Operation durchgeführt hatte, um ihre Knabenstimme zu erhalten. Da sie gleichzeitig über große Lungenkräfte verfügten, übertrafen sie ihre Kolleginnen gesangstechnisch bei Weitem.

Die Rolle des Xerxes schrieb Händel 1738 für den Sopran-Kastraten Caffarelli (1710–1783). Er hatte gerade größte Triumphe in Italien hinter sich und war einer der gefährlichsten Rivalen des Kastraten Farinelli, dessen Schicksal 1994 auch Thema eines berühmten Spielfilms wurde.

Nicht nur was die Popularität, sondern auch was die Finanzen betrifft, standen Kastraten heutigen Megastars in nichts nach. Caffarelli beispielsweise verbrachte seinen Ruhestand auf einem riesigen Landgut. Der letzte Kastrat lebte übrigens noch im 20. Jahrhundert. Es war Alessandro Moreschi (1858–1922), von dem sogar Schallplattenaufnahmen existieren. Er ist als relativ alter Mann mit entsprechenden Stimmdefiziten zu hören.

Der legendäre Kastrat Farinelli.

GIUSEPPE TARTINI (1692–1770)

16 »Teufelstriller-Sonate« (1740)

Musik des Leibhaftigen?

»Eines Nachts träumte mir, ich hätte einen Pakt mit dem Teufel um meine Seele geschlossen … Da kam mir der Gedanke, ihm meine Fiedel zu überlassen und zu sehen, was er damit anfangen würde. Wie groß war mein Erstaunen, als ich ihn mit vollendetem Geschick eine Sonate von derart erlesener Schönheit spielen hörte, dass meine kühnsten Erwartungen übertroffen wurden.«

Der Violinvirtuose und Komponist Giuseppe Tartini, von dem diese Zeilen stammen, soll nach seinem Erwachen versucht haben, die »teuflische« Musik aufzuschreiben. Das Ergebnis war die Violinsonate g-Moll op. 1 Nr. 4, die den Beinamen »Teufelstriller-Sonate« trägt. Die Geschichte zeigt Tartini als Vorläufer des ebenfalls als »dämonisch« apostrophierten, freilich 90 Jahre jüngeren Niccolò Paganini.

Der Leibhaftige hatte im Traum nicht einfach nur eine besonders ausdrucksvolle Musik gespielt. Das Stück war auch mit großen technischen Schwierigkeiten gespickt. Eine außerordentliche Herausforderung für den Virtuosen, der das Werk beherrschen will, steckt in schwer zu greifenden Trillerpassagen, die zum Teil mit dem Spiel auf zwei Saiten gleichzeitig verbunden sind. So entstand der Beiname der Sonate.

Tartinis Leben war recht abenteuerlich: Mit 18 ehelichte der bei Triest geborene abgebrochene Jurastudent heimlich eine Schülerin und wurde dafür angeklagt. Schutz fand er in einem italienischen Kloster, wo er seine Geigenkünste zu einer solchen Vollkommenheit brachte, dass er nach seiner Begnadigung als bester Geigenvirtuose Italiens galt. Die »Teufelstriller-Sonate« ist zwar sein bekanntestes Werk, doch sie bildet nur den Bruchteil eines Œuvres aus jeweils über 130 Sonaten und Konzerten. Auch als Lehrer und Forscher war Tartini bedeutend. Unter seinen Schriften findet sich eine Beschreibung des Phänomens der Kombinationstöne – eine Art der akustischen Täuschung, die auch »Tartini-Töne« genannt wird.

Flüsterte ihm der Teufel eine Sonate ein? Diese Statue des Geigers Giuseppe Tartini steht im slowenischen Piran – einst das italienische Pirano, wo der Komponist und Violinvirtuose geboren wurde.

GEORG FRIEDRICH HÄNDEL (1685-1759)

17 _ Der Messias (1741)
Klangprächtiges Comeback

Über 20 Jahre hatte Georg Friedrich Händel versucht, in London mit der italienischen Oper Erfolge zu feiern. Doch Ende der 30er Jahre des 18. Jahrhunderts war die Gattung überholt. Händel sah sich sogar als Zielscheibe des Spotts. Man machte sich über die unwahrscheinlichen Handlungsverläufe und die gekünstelten Auftritte der Kastraten lustig. Dass der Musikmanager und Komponist Händel nicht nur finanzielle Einbußen, sondern auch noch einen Schlaganfall erlitt, machte die Sache nicht besser.

Aber er war eine Kämpfernatur. Er erholte sich in den Bädern von Aachen und überdachte seine Strategie. Wenn es nicht mit der Oper ging, dann ging es vielleicht mit dem Oratorium. Dabei handelt es sich – einfach gesagt – um eine Oper ohne Inszenierung, mit starker effektvoller Beteiligung nicht nur von Gesangssolisten, sondern auch des Chores, gesungen nicht im fremden Italienisch, sondern in englischer Landessprache.

Händel hatte schon viele Oratorien komponiert, bevor er das Werk in Angriff nahm, das exemplarisch werden sollte: »Messiah« (»Der Messias«) – eine musikalische Erzählung der Lebensgeschichte Jesu. In nur drei Wochen schrieb Händel die gewaltige Partitur dieses fast zweieinhalb Stunden dauernden Opus, das übrigens nicht in London, sondern in Dublin seine Uraufführung erlebte. Am 13. April 1742 hörte das Publikum dann auch zum ersten Mal das berühmteste aller Hallelujas, das geradezu zum musikalischen Synonym für den prachtvollen Händel-Stil geworden ist. Es erklingt am Ende des zweiten der drei Teile. Bei der Premiere soll der anwesende englische König spontan aufgesprungen sein und applaudiert haben, weil er dachte, das strahlende Stück sei das Ende gewesen. Eher getragen und besinnlich ist die ebenfalls berühmte Sopran-Arie »I know that my redeemer liveth« (»Ich weiß, dass mein Erlöser lebet«), deren Noten Händels Grab in der Westminster Abbey zieren.

Die Musikhalle in der Fishamble Street in Dublin, wo Händels Oratorium »Der Messias« zum ersten Mal gespielt wurde. Die Noten zeigen den Beginn einer zentralen Arie aus dem Werk (»I know that my redeemer liveth«).

JOHANN SEBASTIAN BACH (1685–1750)

18 »Goldberg-Variationen« (1742)

Musik für einen Schlaflosen

Graf Keyserlingk, russischer Gesandter am preußischen Hof, litt an Schlaflosigkeit. Um die nächtlichen Stunden angenehm zu verbringen, ließ er sich von seinem Cembalisten Johann Gottlieb Goldberg vorspielen. Als der Graf in Leipzig Johann Sebastian Bach kennenlernte, beauftragte er ihn, etwas für diese Gelegenheit zu komponieren. Bach schrieb daraufhin eines der gewaltigsten Variationswerke der Musikgeschichte, das heute wie alle »Klaviermusik« jener Zeit sowohl auf dem modernen Konzertflügel als auch auf dem Cembalo interpretiert wird.

Am Beginn und am Ende steht das Thema – eine »Aria«. Das musikalische Material, über das Bach dann 30 Variationen entwickelte, ist aber nicht die Melodie. Es sind die acht Bassnoten. Wenn heute so oft die Verwandtschaft Bachs zum Jazz betont wird, dann liegt das genau an diesem Prinzip: Die »Goldberg-Variationen« sind so etwas wie eine riesige niedergeschriebene Improvisation über das achttaktige Harmonieschema.

Was jedoch (etwa in der legendären Aufnahme von Glenn Gould) so spontan und emotional wirkt, folgt nicht nur spontaner Eingebung, sondern – typisch für Bach – auch einem komplizierten Bauplan: Jede dritte Variation ist als strenger Kanon gestaltet. Dazwischen finden sich virtuose Nummern, die die Schraube der pianistischen Anforderungen mehr und mehr anziehen und eine weite Palette der musikalischen Ausdrucksmöglichkeiten ausbreiten. Am Ende steht ein sogenanntes »Quodlibet«, in dem zwei damals bekannte Volkslieder gleichzeitig erklingen: »Ich bin so lang nit bey dir gwest« und »Kraut und Rüben haben mich vertrieben«. Zeitgenossen werden die Melodien am Schluss natürlich herausgehört haben.

Graf Keyserlingk war die Arbeit übrigens einen goldenen Becher wert, der mit 100 Louisdor gefüllt war – angeblich das höchste Honorar, das Bach je für ein Werk erhalten hat.

Der kanadische Pianist Glenn Gould war einer der berühmtesten Interpreten von Bachs »Goldberg-Variationen«.

GEORG FRIEDRICH HÄNDEL (1685–1759)

19 Feuerwerksmusik (1749)
Pyrotechnik mit Hindernissen

Wer sich über Verkehrsstaus ärgert, kann sich zumindest damit trösten, dass es so etwas schon vor über 200 Jahren gegeben hat. Zum Beispiel am 21. April 1749 in London. Hier gab es das erste dokumentierte Verkehrschaos der englischen Geschichte, als ein gewisser Georg Friedrich Händel öffentlich die letzte Probe für eines seiner Werke abhielt.

Der Ort: die »Vauxhall Gardens«. Das Stück: die »Music for the Royal Fireworks«, zu Deutsch »Feuerwerksmusik«. Tausende drängten zu dem Freiluftspektakel, bei dem ein Orchester erklang, das eine für damalige Zeiten unglaubliche Größe besaß: 100 Musiker bliesen und paukten ein Werk, das heute zum Inbegriff einer in Musik verwandelten Feierlichkeit geworden ist.

Es entstand auch für einen pompösen Anlass: Man feierte das Ende eines Krieges. Einige Monate zuvor hatte der sogenannte Österreichische Erbfolgekrieg einen für England günstigen Ausgang gefunden. Und die »Feuerwerksmusik« war nichts anderes als der »Soundtrack« zu den Feierlichkeiten, in deren Vorfeld es neben dem geschilderten Verkehrsstau noch ganz andere Probleme gab. Händel, in seiner künstlerischen Auffassung durchaus rigide, legte sich mit seinem König an. George II. wünschte sich ein Werk, das – dem Anlass entsprechend – nur von »kriegerischen« Instrumenten gespielt werden sollte, also Pauken, Trompeten, Hörnern und den damals ebenfalls zur Militärmusik gehörenden Oboen. Händel bestand jedoch darauf, wenigstens in der Drucklegung noch ein Streichorchester hinzuzunehmen. So können wir die »Feuerwerksmusik« heute in zwei verschiedenen Versionen hören. Die großartige Musik sollten dann übrigens nicht nur prachtvolle pyrotechnische Effekte, sondern auch eine Pannenserie begleiten: Das Feuerwerk setzte das Podium in Brand, ein typischer Londoner Regen minderte das Vergnügen. Geblieben ist eines der berühmtesten Barockwerke überhaupt.

Bild oben: Georg Friedrich Händel auf einem Gemälde von Balthasar Denner – entstanden etwa zwischen 1726 und 1728. **Bild unten:** Für ein barockes Feuerwerk wie dieses schrieb Georg Friedrich Händel eines seiner berühmtesten Werke.

JOHANN SEBASTIAN BACH (1685–1750)

20 — Die Kunst der Fuge (1750)
Klänge des Universums

Wollte man Johann Sebastian Bachs Bedeutung kurz zusammenfassen, dann vielleicht so: Er ist am tiefsten in die mathematischen Zusammenhänge der Musik vorgestoßen. Das zeigt sich vor allem in der Technik des Kontrapunkts: Jede beteiligte Stimme eines Musikstücks ist dabei für sich genommen selbst Melodie, die »Klassengesellschaft« von Hauptstimme und Begleitung ist überwunden, die Musik klingt, »als wenn die ewige Harmonie sich mit sich selbst unterhielte« (so Goethe).

Besonders deutlich zeigt sich das in der Gattung der Fuge, die Bachs Werk in vielen Varianten durchzieht. Die Fuge ist dem Kanon verwandt, nur deutlich komplizierter: Die Stimmen setzen nacheinander mit demselben Thema ein und werden zu Kontrapunkten der anderen, das Thema wird in besonders kunstvollen Fugen gespiegelt, vergrößert oder verkleinert und immer wieder mit sich selbst kombiniert – das Ganze nach den Regeln des Wohlklangs, der Harmonielehre. Noch heute lernen Kompositionsstudenten an den Musikhochschulen das Fugenschreiben – es ist das musikalische Gegenstück zur Kunst der Perspektive für angehende Maler oder Zeichner.

Johann Sebastian Bach hat am Ende seines Lebens den 23 Stücke umfassenden Zyklus »Die Kunst der Fuge« über ein einziges Thema komponiert. Das Werk zielt so sehr auf die reine Struktur der Stimmen ab, dass er noch nicht einmal bestimmte Instrumente vorgeschrieben hat. Der letzte »Contrapunctus«, wie Bach die einzelnen Fugen nannte, bricht mitten im Geschehen ab – seltsamerweise genau in dem Moment, in dem mit den Noten B, A, C und H Bachs Name als Musik in dem komplizierten Gefüge erscheint. Der Komponist war am Ende seines Lebens blind. Man nimmt an, dass er starb, während er seinem Sohn Carl Philipp Emanuel das Stück diktierte.

Selten hat Musik so drastisch gezeigt, wie ein extrem begabter Mensch buchstäblich aus dem Leben gerissen wurde.

Bild oben: Johann Sebastian Bach als Schöpfer himmlischer Harmonien umgeben vom Engelschor. Die Radierung von Franz Stassen entstand 1928. **Bild unten:** Die letzten Takte von Bachs »Kunst der Fuge« mit dem Hinweis, dass der Verfasser bei der Arbeit an dieser Stelle verstarb.

FRIEDRICH II. VON PREUSSEN (1712–1786)

21 Flötenkonzert Nr. 3 C-Dur
(Entstehungszeit unbekannt)
Ein König komponiert

In den Geschichtsbüchern findet man seinen Namen in Verbindung mit blutigen Schlachten, mit militärischem Drill, mit den legendären preußischen Tugenden, für die er fast ein Synonym darstellt: Friedrich II. von Preußen, genannt »der Große«.

Doch der König, der für sich in Anspruch nahm, erster Diener des Staates zu sein, und anderen Monarchen der Welt einen aufgeklärten Absolutismus vorlebte, hatte auch eine künstlerische Ader: Zum Unwillen seines militärversessenen Vaters, des berüchtigten »Soldatenkönigs«, beschäftigte er sich mit Literatur, Philosophie, der bildenden Kunst und der Musik. In der Tonkunst brachte er es auch selbst sehr weit. Er ließ sich zum Solisten an der Querflöte ausbilden, und er komponierte.

Wichtigster Lehrer und Berater dabei war der Komponist, Flötist und Flötenbauer Johann Joachim Quantz (1697–1773), den Friedrich schon vor seiner Thronbesteigung 1740 an sich gebunden hatte. Der König komponierte vor allem Flötenkonzerte und -sonaten, und das nicht für die Schublade. Jeden Abend gegen 18 Uhr traf er sich mit seinen Musikern und spielte in einem Privatkonzert ohne Publikum eigene Werke und das, was ihm seine bei ihm angestellten »Kollegen« lieferten. Darunter waren in der damaligen Zeit berühmte Namen – unter anderem Johann Sebastian Bachs klavierspielender Sohn Carl Philipp Emanuel, der den König in dessen Musikzimmer im Potsdamer Stadtschloss oder – heute noch zu besichtigen – auf Sanssouci begleitete. Selbst aufs Schlachtfeld soll Friedrich seine Flöte mitgenommen haben.

Neben seinen eigenen musikalischen Ambitionen setzte er sich auch für die Berliner Oper ein, traf natürlich wichtige Entscheidungen in Besetzungsfragen und arbeitete sogar an einigen der Bühnenwerke mit. So schrieb er zum Beispiel das Libretto zu der in Südamerika spielenden Oper »Montezuma« von Carl Heinrich Graun.

Friedrich II. als Solist im Musikzimmer seines Schlosses Sanssouci in Potsdam auf einem Gemälde aus dem 19. Jahrhundert von Adolph Menzel.

WOLFGANG AMADEUS MOZART (1756–1791)

22 Klavierstücke KV 1 (1761)
Erwachen eines Wunderkindes

Es muss für den biederen Salzburger Orchestergeiger Leopold Mozart ein aufregender Moment gewesen sein, als sich sein gerade mal fünf Jahre alter Sohn Anfang 1761 ans Notenpapier setzte und begann, kleine Klavierstücke zu komponieren. Im Jahr zuvor hatte der kleine Wolfgang mit dem Klavierspiel begonnen, aber nun drängte es ihn wohl, Eigenes zu schaffen. Die Stücke, die der Mozart-Forscher Ritter von Köchel später als erste in das nach ihm benannte »Köchelverzeichnis« (abgekürzt KV) eintrug, waren das erste Zeichen einer Begabung, die in der Geschichte einzigartig ist.

Wolfgang Mozart, dessen weiteren Taufnamen »Theophilus« die Welt später als »Amadeus« latinisierte, war eines der größten Musikgenies aller Zeiten. Vater Leopold, ein seinerzeit berühmter Geiger und Verfasser einer »Violinschule«, versuchte, der Verantwortung, so gut es ging, gerecht zu werden. Zum einen förderte er seinen Sprössling nach Kräften durch eigenen Unterricht, zum anderen unternahm er mit ihm und seiner ebenfalls außergewöhnlich begabten Schwester Maria Anna Reisen an einflussreiche adelige Höfe und in europäische Musikzentren. Von Residenzen des Kaiserreiches ging es nach Italien, nach Frankreich und nach England. Von den 35 Jahren, zehn Monaten und neun Tagen, die Mozart lebte, war er zehn Jahre, zwei Monate und acht Tage auf Reisen. Die übrige Zeit verbrachte er in seiner Geburtsstadt Salzburg und ab 1781 in seiner Wahlheimat Wien.

Vom fünften Lebensjahr an schuf er ein geradezu unfassbar großes Œuvre von etwa 700 heute bekannten Werken. Schon mit acht reichte ihm die Kammermusik nicht mehr. Er schrieb auf einer Reise nach London in Wirtshäusern und Kutschen seine ersten Sinfonien. Mit zehn wandte er sich groß besetzter Kirchenmusik, mit elf dann der Gattung der Oper zu. Mit 17 begann er als Klaviervirtuose Furore zu machen. Es entstand das erste von knapp 30 Klavierkonzerten.

Das Geburtshaus von Wolfgang Amadeus Mozart in der Salzburger Getreidegasse. Hier schrieb der Komponist als hochbegabtes Kind seine ersten Werke.

LUIGI BOCCHERINI (1743–1805)

23 Menuett A-Dur (1771)
Ein Tänzchen, das Geschichte schrieb

Bevor die höhere Gesellschaft auf festlichen Bällen Walzer tanzte, pflegte sie das Menuett – eine höfische Form des Tanzes, wie der Walzer im Dreivierteltakt, aber etwas langsamer. Getanzt wurde das Menuett auch nicht paarweise (das galt als anstößig), sondern nach einer strengen Choreografie in größerer Gruppe. Und natürlich: vom Adel!

Vom Barock bis zum Ende des 19. Jahrhunderts, als die Französische Revolution die gesellschaftliche Grundordnung in Frage stellte, war das Menuett überaus populär. So bauten die Komponisten, die ja oft in adeligen Diensten standen, es zur Freude ihrer Auftraggeber in Instrumentalkompositionen ein, die gar nicht zum Tanzen gedacht waren. So finden sich Menuette auch in Sinfonien und Sonaten.

Warum ausgerechnet Luigi Boccherini das berühmteste Menuett geschrieben hat, weiß man nicht. Noch heute steht er eher im Schatten seiner großen Zeitgenossen Joseph Haydn oder Wolfgang Amadeus Mozart.

Sein Menuett A-Dur ist der dritte Satz eines seiner vielen Streichquintette. Es machte allein Karriere – erst als Salonstück und dann auch in vielen Pop-Bearbeitungen. Seine graziöse Melodie gilt vielen als Inbegriff des verspielten Rokoko-Stils.

Der Mann, der diese klingende Porzellanminiatur geschaffen hat, stammte aus Lucca, bereiste die Welt als Wunderkind am Cello und kam über Paris nach Spanien, wo er Kammermusiker des Infanten Luis, des Bruders des spanischen Königs, wurde. Sein Ruf reichte durch ganz Europa. So komponierte er zum Beispiel auch exklusiv für den cellospielenden Preußenkönig Friedrich Wilhelm II.

Das Menuett A-Dur mag berühmt sein – es repräsentiert Boccherinis Musik jedoch nicht. Seine Sinfonien und Konzerte, seine Kammermusik sind es weit mehr wert, entdeckt zu werden, zumal sich darin viele Überraschungen finden. Wie zum Beispiel Anklänge an andere Tänze – etwa den spanischen Fandango.

Komponist und Cellist: Denkmal von Luigi Boccherini in Lucca, auch Geburtsstadt seines großen späteren Kollegen Giacomo Puccini.

JOSEPH HAYDN (1732–1809)

24_ »Abschiedssinfonie« (1772)
Wenn Musiker den Dienst verweigern

Sein Name steht zwar für die »Wiener Klassik«, doch genauso wie seine Kollegen Wolfgang Amadeus Mozart oder Ludwig van Beethoven kam Joseph Haydn keineswegs von der Donau: Geboren wurde er in Niederösterreich. Seine berufliche Bedeutung verdankte Haydn der Anstellung als Hofkapellmeister beim Fürsten Paul Anton Esterházy, der in Eisenstadt und in seiner späteren Residenz Esterháza am Neusiedler See ein besonders gutes Orchester – oder wie es damals hieß: eine Hofkapelle – unterhielt. Damals war ein Hofmusiker kaum mehr als ein Lakai und hatte täglich die musikalischen Wünsche seines Herrn zu erfüllen. Haydn nutzte seine Position, um mit seinem Ensemble zu experimentieren. Es gelang ihm, die damals eigentlich gar nicht so bedeutende Gattung der Sinfonie – ursprünglich nicht mehr als eine Einleitung zu einer Oper oder einem Kirchenwerk – zur Königin der Orchestermusik aufzupolieren. Haydn entwickelte Form, Instrumentation und Satztechnik weiter.

Dabei erlaubte sich der Komponist, immer der Förderung seines Dienstherrn sicher, auch so manchen Scherz. Zum Beispiel in der »Abschiedssinfonie« von 1772, der Nummer 45 von insgesamt über 100 Sinfonien, die Haydn schrieb. In den ersten Sätzen trumpft das Orchester mit einer eher düster-dramatischen Grundstimmung in expressivem Moll auf. Im Finale schließlich ereignet sich eine kalkulierte Ausdünnung des Klangapparates: Ein Musiker nach dem anderen hört auf zu spielen, löscht das Licht an seinem Notenpult und verlässt das Podium. Ganz zum Schluss bleiben zwei Geiger übrig, die im äußersten Pianissimo das Werk beenden. Haydn und seine Musiker waren schon so lange auf dem fürstlichen Landsitz und fern von ihren Familien, dass sie auf diese Weise um Urlaub baten. Einer berühmten Anekdote zufolge soll der Fürst die Anspielung verstanden haben. Er erlaubte seinen Musikern, schon am nächsten Tag abzureisen.

Fassade des Schlosses Esterháza, wo Joseph Haydn und seine Musiker mit einer originellen Sinfonie ein musikalisches Urlaubsgesuch eingereicht haben sollen.

WOLFGANG AMADEUS MOZART (1756–1791)

25 Eine kleine Nachtmusik (1787)

Serenade mit Rätseln

Eine einprägsame Fanfare, einstimmig von Streichern gespielt. Eine Musik ohne viel Drumherum – leicht, flott und trotz ihrer Einfachheit durchaus originell. Überall auf der Welt erkennt man sie. Ob im Konzertsaal oder im Radio, ob als Berieselung im Supermarkt oder – auch das gibt es – im Fahrstuhl: Die »Kleine Nachtmusique« (so hat Wolfgang Amadeus Mozart das Werk selbst genannt) ist ein Hit. Und ein Beweis für Mozarts Schaffenskraft, die es ihm erlaubte, sogar an mehreren Stücken gleichzeitig zu arbeiten. Eigentlich war der Komponist nämlich im August 1787, als das Stück entstand, mit seinem »Don Giovanni« beschäftigt. Ihm blieben nur noch gut zwei Monate bis zur Uraufführung – und weder war die Oper vollendet, noch hatte man geprobt. Die »Kleine Nachtmusik« muss ein Auftragswerk gewesen sein, sonst hätte Mozart sich die Zeit für sie nicht genommen. Doch für welche Gelegenheit sie entstand, ist unbekannt.

Das Stück gehört zur Gattung der Serenade. Damit ist eine Komposition gemeint, die man zur Untermalung einer Festlichkeit im Freien aufführte. Die Bezeichnung leitet sich vom italienischen »sereno« ab – was »heiter« bedeutet, und zwar im Sinne von »leicht«, aber auch im Sinne von »freier Himmel«. Der August war also genau die richtige Zeit, irgendwo in Wien ein Fest mit dem Abendstück zu verschönern. Verwandt mit der Serenade ist übrigens das »Divertimento« (übersetzt »Zerstreuung«) – eine Gattung, die Mozart ebenfalls pflegte.

Die Frage, wer bei Mozart die »Nachtmusik« in Auftrag gab, ist nicht das einzige Geheimnis, das dieses Werk umrankt. Das Stück hat vier Sätze, die nach der Art einer kleinen Sinfonie gestaltet sind – mit lebhaftem Allegro, einem langsamen Satz, einem Menuett und schnellem Finale. Doch Mozart komponierte eigentlich fünf. Ein Teil ist verschollen, und es ist nicht ausgeschlossen, dass sein Manuskript eines Tages noch auftaucht.

Das Mozart-Denkmal in Wien. Der Komponist verbrachte in der Kaiserstadt die letzten zehn Jahre seines Lebens.

WOLFGANG AMADEUS MOZART (1756–1791)

26_Don Giovanni (1787)
Ein Wüstling auf der Opernbühne

Im Herbst 1787 erlebte Wolfgang Amadeus Mozart einen seiner größten Triumphe – und das nicht in seiner Wahlheimat Wien, sondern in Prag. Seine Oper »Le nozze di Figaro« (»Figaros Hochzeit«) war an der Moldau so populär, dass sogar Straßenmusiker Melodien daraus in ihr Repertoire aufnahmen. Und sie brachte Mozart einen weiteren Auftrag. Zurück in Wien, heckte der Komponist mit seinem genialen Librettisten Lorenzo da Ponte den nächsten Geniestreich aus. Wie im »Figaro«, der auf einem adelskritischen französischen Theaterstück basierte, sollten auch diesmal die Schwächen der Aristokratie dem Publikum drastisch vor Augen geführt werden. Don Giovanni, die Hauptfigur des neuen Werkes, ist nicht nur von Adel, sondern auch ein manischer Frauenheld, der selbst vor Mord und Totschlag nicht zurückschreckt – von den vielen Demütigungen, die er zum Beispiel seinem Diener Leporello zufügt, ganz zu schweigen. Die Handlung besitzt zudem Züge eines echten Thrillers: Der Wüstling ersticht gleich zu Beginn im Zweikampf den Komtur – Vater einer Frau, der er mit Gewalt nachstellt. Mehrere Opfer tun sich zusammen und suchen den Täter, um ihn zu bestrafen. Nachdem der Frauenheld am Grab des Komturs diesen spöttisch zum Essen einlädt, erscheint der tatsächlich als Schreckensgestalt – und holt Don Giovanni in einer spektakulären Szene zur Höllenfahrt ab.

Der Stoff der Oper (auch bekannt als »Don Juan«) ist uralt. Aber es liegt eine Ironie der Geschichte darin, dass ein echter Frauenverführer bei der Uraufführung im Oktober 1787 im Prager Nationaltheater anwesend war: Giacomo Casanova, der mit da Ponte befreundet war und angeblich sogar für einige Details im Textbuch gesorgt haben soll. Bis heute gehört »Don Giovanni« neben der »Zauberflöte« zu Mozarts beliebtesten Opern – nicht zuletzt wegen der unverhohlenen Gesellschaftskritik zwei Jahre vor Ausbruch der Französischen Revolution.

Der Komtur kommt aus dem Jenseits zurück und schickt den frevelhaften Don Giovanni zur Hölle. Alexandre-Evariste Fragonard schuf das Gemälde mit der berühmten Szene aus der Mozart-Oper um 1830.

WOLFGANG AMADEUS MOZART (1756–1791)

27 _ »Jupiter-Sinfonie« (1788)
Summe der Sinfonik

Im Sommer 1788 schrieb Mozart innerhalb von etwa sechs Wochen seine drei letzten Sinfonien nieder, die auch als seine bedeutendsten gelten: die Nummern 39 Es-Dur KV 543, 40 g-Moll KV 550 und 41 C-Dur KV 551, der man später den Namen »Jupiter-Sinfonie« gegeben hat. Mozart hat fast nie ohne konkrete Aufführungsabsicht komponiert, und ausgerechnet bei diesen drei gewichtigen Stücken weiß man darüber nichts.

Manche Forscher glauben, dass Mozart die Werke am Rande eines wichtigen historischen Ereignisses zwei Jahre später aufführen wollte – bei der Krönung des neuen Kaisers Leopold II. in Frankfurt. Dort trat er – so viel ist sicher – mit einem eigenen Klavierkonzert auf, das seitdem den Beinamen »Krönungskonzert« trägt. 1788 konnte Mozart davon aber noch nichts wissen. Kaiser Joseph II., gerade 47 Jahre alt, regierte noch.

Woher die »Jupiter-Sinfonie« ihren Beinamen hat, ist ebenfalls unklar. Doch die darin mitschwingende Assoziation einer überirdischen Meisterschaft passt. Natürlich wusste Mozart auch nicht, dass er drei Jahre später mit gut 35 Jahren sterben würde, doch die Sinfonie wirkt wie die Summe seines Komponistenlebens. Sie enthält so etwas wie ein künstlerisches Fazit – und das vor allem im letzten Satz: Das Thema besteht aus vier bescheidenen, langsam vorgetragenen Tönen, deren Ursprünge man im gregorianischen Choral und in der keltischen Volksmusik gefunden hat. Aus ihnen schuf Mozart eine eng verzahnte Architektur, die durchaus Bezüge bis zurück zur Barockmusik besitzt.

Mozart war ein großer Bewunderer der Musik von Johann Sebastian Bach. Er studierte dessen Werke sehr genau, schrieb auch Stücke im Stil des alten Meisters, der ja schon sechs Jahre vor Mozarts Geburt gestorben war und einer ganz anderen Epoche angehörte. In der »Jupiter-Sinfonie« hat er dessen Kontrapunkt-Kunst mit dem Zeitgeist des späten 18. Jahrhunderts verschmolzen.

So stellte sich der Maler Josef Büche Mozart beim Komponieren vor. Das Gemälde entstand um 1880, also fast 100 Jahre nach dem Tod des Komponisten.

WOLFGANG AMADEUS MOZART (1756–1791)

28 Klarinettenkonzert (1791)
Abschiedswerk für einen Virtuosen

»Ach, wenn wir nur Clarinetti hätten!« Dieser Stoßseufzer stammt aus einem Brief, den Wolfgang Amadeus Mozart 1778 an seinen Vater schrieb. Der Komponist weilte gerade in Mannheim, wo der Kurfürst von der Pfalz ein besonders gutes Hoforchester unterhielt. Auffällig an diesem Ensemble war der Einsatz von Klarinetten – einem damals recht modernen Instrument, das sich noch lange nicht überall durchgesetzt hatte. Mozart wurde ein großer Klarinetten-Fan. Zwar beherrschte er das Instrument selbst nicht, aber die Bekanntschaft mit einem der größten Klarinettenvirtuosen seiner Zeit beflügelte seine kompositorische Phantasie. Der Großteil seiner Werke, in denen das Holzblasinstrument solistisch vorkommt, entstand für Anton Stadler (1753–1812), mit dem Mozart in seinen letzten Lebensjahren freundschaftlich sehr eng verbunden war. Für ihn schrieb er sein letztes Instrumentalwerk. Es ist das berühmte Klarinettenkonzert A-Dur, das übrigens unter den Werken der Mannheimer Komponisten wie Carl Stamitz Vorbilder besitzt.

Stadler ist nicht nur als Klarinettenvirtuose in die Geschichte eingegangen, sondern er entwickelte das Instrument auch weiter. So spielte er 1801 in einem Konzert auf einer »Klarinette mit Abänderung« – eine merkwürdige Bezeichnung, die das »Journal des Luxus und der Moden« den zeitgenössischen Lesern so erklärte: »Diese Abänderung von seiner Erfindung bestehet darinne, dass das Rohr nicht, wie gewöhnlich, bis ans Ende zur Öffnung fortläuft, sondern im letzten vierten Theile des Instruments durch eine Querpipe, auswärtsgebogen bis zur Öffnung gehet. Dadurch erhält das Instrument nicht nur mehr Tiefe, sondern auch in diesen letztern Tönen eine große Ähnlichkeit mit dem Waldhorn.«

Auch Mozarts Klarinettenkonzert ist in seiner Originalfassung für eine Sonderform geschrieben, die sogenannte »Bassettklarinette« mit besonders großem Tonumfang.

Zu Mozarts Zeiten noch ein recht modernes Instrument: die Klarinette, für die der Komponist eines seiner berühmtesten Konzerte schrieb.

29 Requiem (1791)
Kein Bote aus dem Jenseits

Für die einen ist es eines der erhabensten Trauerwerke der klassischen Musik, für die anderen Thema eines Kulturkrimis: Mozarts Requiem, sein letztes Werk, blieb unvollendet, als der Komponist am 5. Dezember 1791 im Alter von nur 35 Jahren starb. Mozarts Tod war Anlass für Spekulationen. Bestand zwischen der Totenmesse und dem frühen Dahinscheiden – dessen Ursache man lange nicht kannte – ein Zusammenhang? Gerade diese Frage macht die Schlusskapitel einiger früher Mozart-Biografien zu Gruselstorys. Der Höhepunkt der Legendenbildung war sicher der Film »Amadeus«, in dessen Handlung – anders als in historischer Wirklichkeit – Mozarts Kollege Antonio Salieri in den Tod des Genies verwickelt ist. Berühmt ist die Geschichte von dem schwarzen Boten, der Mozart mit dem Werk beauftragt haben soll.

Und wenn der Komponist doch ermordet wurde – waren vielleicht die Freimaurer die Drahtzieher? Mozart war Logenbruder, und Gerüchte besagen, er habe in seiner Oper »Die Zauberflöte« Geheimnisse des Bundes verraten – und sei daher mit dem Tod bestraft worden. Heute weiß man: Mozart starb wohl an einem rheumatischen Fieber. Auftraggeber des Requiems war ein gewisser Graf Walsegg-Stuppach, der auf einem Schloss außerhalb von Wien lebte und seiner verstorbenen Gemahlin ein musikalisches Denkmal setzen wollte. Der Bote war einer seiner Lakaien, der mit Mozart Kontakt hielt.

Antonio Salieri wiederum war nicht der intrigante Neider wie im Film: Er saß mit seinen Ämtern so sicher im Sattel, dass eigentlich er die Zielscheibe eines Konkurrenten hätte sein müssen. Das Requiem wurde übrigens von Mozarts Schüler Franz Xaver Süßmayr fertig geschrieben – aus finanziellen Gründen. Der Graf hatte einen Vorschuss gezahlt und bestand auf Lieferung. Mozarts Witwe, die mit ihren Kindern plötzlich ohne Ernährer dastand, konnte es sich nicht leisten, auf das Geld zu verzichten.

Bild oben: Die letzte Seite der Handschrift von Mozarts Requiem. Deutlich sind die Lücken in der Partitur zu sehen, die der Komponist nicht mehr füllen konnte, denn er starb vor Vollendung des Werkes. **Bild unten:** Mozart probt auf dem Totenbett sein Requiem.

JOSEPH HAYDN (1732–1809)

30 »Sinfonie mit dem Paukenschlag« (1792)

Plötzliches Erwachen in Takt 16

Haydns Arbeit als Kapellmeister in den Diensten des Fürsten Esterházy vollzog sich abseits der großen Musikzentren. Der Dienstherr bevorzugte als Aufenthaltsort seine Schlösser in der vergleichsweise kleinen Residenz Eisenstadt und im heutigen Ungarn. Trotzdem drang Haydns Ruf vor allem als Erneuerer der Gattung Sinfonie und des Streichquartetts in alle Welt. Zunächst waren es die Städte Wien und Paris, wo man seine Werke zu schätzen wusste. Vor allem von der Seine erhielt Haydn gut bezahlte Kompositionsaufträge.

1790 begann für den damals 58-Jährigen eine neue Lebensphase. Fürst Esterházy starb, sein Sohn entließ die Hofkapelle. Immerhin kam Haydn in den Genuss einer Rente. Er hätte sich nun als Pensionär zurückziehen können, doch ein überraschender Besuch öffnete neue Türen: »Ich bin Salomon von London und komme, Sie abzuholen. Morgen werden wir einen Akkord schließen und reisen.« Mit diesen Worten soll der aus Bonn stammende Musiker, Komponist und Konzertunternehmer Johann Peter Salomon auf Haydn zugegangen sein und ihm angeboten haben, in London eigene Werke aufzuführen. Haydn ging darauf ein und schrieb für das Publikum in England seine späten »Londoner Sinfonien«.

Eine davon, uraufgeführt am 23. März 1792, ist wegen eines »Paukenschlages« besonders berühmt geworden. Es ist wieder einer der typischen Haydn-Scherze, die sich in vielen seiner Werke finden und den das Publikum wahrscheinlich auch erwartet hat. Die legendäre Stelle findet sich im zweiten Satz. Das Orchester beginnt äußerst leise mit einer Melodie, die an Banalität nicht zu überbieten ist. 16 Takte geht das so – und Haydn hat wahrscheinlich einkalkuliert, dass so mancher bei diesen Tönen sanft einnicken würde. Doch ein Fortissimo-Schlag am Ende des Themas weckt das Publikum wieder auf – bevor der Komponist dann seinen ganzen Einfallsreichtum ausbreitet.

Der Komponist Joseph Haydn auf einem zeitgenössischen Gemälde von Thomas Hardy.

JOSEPH HAYDN (1732-1809)

31 »Kaiserquartett« (1797)
Variationen über das »Lied der Deutschen«

Es gibt sicher wenige klassische Themen, die sogar bei Sportveranstaltungen immer wieder erklingen – und dort auch noch mitgesungen werden. Eines ist die »Kaiserhymne« von Joseph Haydn – heute die offizielle Nationalhymne der Bundesrepublik Deutschland. Der Text zum Lied entstand freilich nach Joseph Haydns Tod: Es ist das »Lied der Deutschen« von August Heinrich Hoffmann von Fallersleben, gedichtet im August 1841 während seines Sommeraufenthalts auf Helgoland. Kurze Zeit später veröffentlichte der Verleger Julius Campe den Erstdruck dieses Gedichts mit der bekannten Melodie.

Haydns Lied entstand unter dem Titel »Gott erhalte Franz, den Kaiser« im Jahre 1797. Von Nationalstaatsgedanken, wie sie Mitte des 19. Jahrhunderts in Deutschland immer mehr an Konturen gewinnen sollten, war man noch weit entfernt. Doch immerhin kämpfte Österreich gerade in den sogenannten Koalitionskriegen gegen das revolutionäre Frankreich. Der durchaus kaisertreue Haydn hatte auf seinen Reisen nach London die englische Hymne »God Save the King« kennengelernt und plante ein habsburgisches Gegenstück dieser klingenden Monarchenehrung. Von dem kunstbeflissenen Musikförderer Baron Gottlieb van Suiten unterstützt, ließ sich Haydn von dem Dichter Lorenz Leopold Haschka einen Text schreiben. Am Geburtstag des Kaisers, am 12. Februar 1797, erklang die Hymne dann in allen Wiener Theatern vor der Vorstellung. Darüber hinaus machte Haydn das Lied auch zum Variationsthema eines seiner Streichquartette, das seitdem den Beinamen »Kaiserquartett« trägt. Die Melodie erklingt in ruhiger gesanglicher Version am Beginn des zweiten Satzes. Anders als in Variationssätzen üblich bleibt sie im weiteren Verlauf unverändert. Nur die kunstvoll das Thema umspielenden Stimmen ändern sich. Die Symbolik ist klar: Man wünscht dem Kaiser ewiges Bestehen, das begleitende Volk möge ihn dabei treu unterstützen …

Der österreichische Kaiser Franz, für den Joseph Haydn seine »Kaiserhymne« schrieb. Später wurde sie zur Nationalhymne der Bundesrepublik Deutschland.

32 Andante favori (1803/1804)
Musik für die »Unsterbliche Geliebte«?

Beethoven und die Frauen: Das Thema wurde in unzähligen Büchern und Filmen abgehandelt. Der Komponist heiratete nie, hatte aber Affären mit Schülerinnen, Kolleginnen, Gönnerinnen. Besonders geheimnisumwittert ist der Brief an die nicht näher bezeichnete »Unsterbliche Geliebte«, den man nach Beethovens Tod in seinem Schreibtisch fand.

Das Schriftstück mit dem Beginn »Mein Engel, mein alles, mein Ich« enthüllt eine sensible Seite des schroffen, cholerischen und einzelgängerischen Beethoven. An wen war der wohl nie abgeschickte Brief gerichtet? Im Text wird eine Reise beschrieben. In Verbindung mit Tagesdaten, Angaben zu Reisebedingungen und Einträgen in Hotelregistern hat man ermittelt, dass das Schriftstück am 6. und 7. Juli 1812 im Kurbad Teplitz entstand, das Beethoven über die Zwischenstation Prag erreichte.

Viele Theorien versuchen zu erklären, wer die »Unsterbliche Geliebte« war (sogar eine homosexuelle Variante ist darunter!). Bestand hat unter anderem diese: Es war die Gräfin Josephine Deym, geborene Brunsvik, der Beethoven auch in anderen Briefen seine Liebe gestand. 1804 verwitwet, heiratete sie einen Baron, von dem sie sich aber 1813 wieder trennte.

Ein interessantes Detail stützt die Theorie, dass sie die »Unsterbliche« sein könnte: Am 8. April 1813, also neun Monate nach der Teplitz-Reise, gebar sie ein Mädchen, dessen Vater wohl nicht ihr Ehemann war. Sie nannte es »Minona« (rückwärts gelesen »Anonim«, also »namenlos«, was auf eine außereheliche Zeugung hindeuten könnte). Als Josephine 1821 starb, ereilte Beethoven eine Schaffenskrise. Er besuchte oft ihr Grab und wollte auf demselben Friedhof bestattet werden. Ihr Name findet sich musikalisch mehrmals in Beethovens Werken – am deutlichsten im Klavierstück »Andante favori«, das als WoO (Werk ohne Opuszahl) die Nummer 57 trägt. Der melodische Rhythmus »Jo-se-phi-ne« ist unüberhörbar.

»Mein Engel – mein Alles – mein Ich …«: Der Beginn des berühmten Briefes an die »Unsterbliche Geliebte« von Ludwig van Beethoven. Bis heute ist die Identität der Adressatin nicht zweifelsfrei geklärt.

ANTONIO SALIERI (1750–1825)

33 _ Requiem c-Moll (1804)
Totenfeier für den »Mozart-Feind«

Wer den Film »Amadeus« gesehen hat, kennt die Geschichte: Der italienische Komponist Antonio Salieri soll so neidisch auf seinen deutlich begabteren Kollegen Mozart gewesen sein, dass er ihn durch den fingierten Auftrag zur Komposition einer Totenmesse ins Grab brachte. Die Realität sieht anders aus: Salieri war ja im Kampf gegen den Kollegen klar der Gewinner. Der Kaiser überhäufte ihn mit Ämtern, nach denen Mozart, der als freier Musiker um Einkünfte kämpfen musste, vergeblich strebte. Salieri wurde Kammerkompositeur, Kapellmeister der italienischen Oper, schließlich Hofkapellmeister. Er prägte nicht nur das Wiener Musikleben; auch im Ausland riss man sich um ihn. So feierten seine Opern sogar in Paris Triumphe. Im Alter wurde er ein gefragter Lehrer. Er unterrichtete die nächste Generation – unter anderem Beethoven, Schubert und Mozarts Sohn Franz Xaver Wolfgang. Salieri hat Mozarts Musik sehr geschätzt. Nach dem Tod des jüngeren Kollegen nahm er (als einer der wenigen) an dessen Trauerfeier teil. Und er war tatsächlich an der Vollendung von Mozarts Requiem beteiligt, denn Franz Xaver Süßmayr, der sich der Partitur annahm, war nicht nur Mozarts, sondern auch sein Schüler!

Im Alter wandte er sich der geistlichen Musik zu. Nach all den Geschichten und Gerüchten um Mozarts Totenmesse wirkt es fast wie Ironie, dass auch Salieri als Spätwerk ein Requiem hinterließ. Das Stück ist erst in den letzten Jahren bekannt geworden. Es entstand 1804 und sollte Salieris künstlerischen Rückzug aus der Öffentlichkeit dokumentieren. Der Komponist verfügte, dass das Werk bei seiner eigenen Totenfeier erklingen sollte. Und nachdem er im Mai 1825 in Wien gestorben war, sorgten seine Schüler kurz darauf für die Uraufführung.

Eine Tatsache, die im Film erwähnt wird, ist allerdings wahr: Salieris Opern gerieten bald nach dem Tod des Meisters in Vergessenheit.

Antonio Salieri – angeblicher Gegenspieler Mozarts, aber ganz sicher eine der wichtigsten Persönlichkeiten des Wiener Musiklebens seiner Zeit und wie Mozart Schöpfer eines Requiems, das er aber für sich selbst komponierte.

LUDWIG VAN BEETHOVEN (1770–1827)

34__Sinfonie Nr. 5 (1808)
Schicksal und Revolution

Vier Noten, und man erkennt den Komponisten sofort. Der Beginn der fünften Sinfonie von Beethoven ist einer der berühmtesten »Klassik-Fetzen« überhaupt geworden. Die Popularität ist eigentlich paradox. Denn Beethoven hat gerade mit diesem Motiv, mit dem nach einem bekannten Bonmot das »Schicksal an die Pforte« klopft, ganz gegen die Regeln der Musik seiner Zeit eher ein »Un-Thema« geschaffen. Die Tonfolge entfaltet erst in der Verarbeitung ihre ganze Ausdruckskraft. Diese Art, Musik zu machen, ist typisch für den Klassiker: Er stellt nicht etwas Fertiges hin, sondern präsentiert Bausteine und lässt das Publikum miterleben, was er daraus macht. Und tatsächlich: Die vier Noten prägen die gesamte Sinfonie – bis hin zum strahlenden Finale, das dem Schicksalskampf des Anfangs im Ausdruck diametral entgegensteht.

Beethoven ist der Prototyp des tragischen, unverstandenen und gegen den Massengeschmack kämpfenden genialen Künstlers, der mit seinen Werken ringt (an der Fünften arbeitete er mindestens fünf Jahre zwischen 1803 und 1808). Schon in recht jungen Jahren, mit Anfang 30, machte sich bei ihm eine beginnende Taubheit bemerkbar, viele seiner Werke hat er selbst nicht mehr hören können. Da er eine für damalige Zeiten sehr moderne Musik schrieb, fürchtete er öffentliche Bloßstellung. Doch schon zu seinen Lebzeiten wurde er zum Mythos, nach seinem Tod zum Titanen, der nachfolgende Komponistengenerationen geradezu einschüchterte. Wie sollte man Beethoven, der in seinen Sinfonien, Klaviersonaten, Streichquartetten und Konzerten die Musik geradezu neu erfunden hatte, übertreffen?

In den vergangenen Jahren entdeckte man neben dem Ausdruck des persönlichen Schicksals eine weitere Bedeutungsschicht in der »Fünften«. Musikwissenschaftler fanden in den Themen Zitate aus einem Lied der Französischen Revolution, deren Ideale Beethoven ausdrücklich teilte.

So sah der Maler Joseph Karl Stieler im Jahre 1820 den Komponisten Ludwig van Beethoven, der hier am Manuskript seiner »Missa Solemnis« arbeitet.

LUDWIG VAN BEETHOVEN (1770–1827)

35 »Für Elise« (1810)
Albumblatt für eine Unbekannte

Das Klavierstück »Für Elise« (offiziell »Bagatelle a-Moll«) gehört mit »Freude, schöner Götterfunken« und dem Beginn der »Fünften« zu den berühmtesten Beethoven-Werken. Jeder hat es schon einmal gehört – und sei es als elektronische Spieluhr in der Telefon-Warteschleife. Wer selbst Klavier spielt, dürfte es im Unterricht geübt haben und ist vielleicht an dem für Anfänger nicht ganz leichten Mittelteil gescheitert.

Für welche »Elise« Beethoven das Werk komponiert hat, weiß man bis heute nicht. Wenn es um Frauen im Leben des nie verheirateten und offiziell kinderlosen Komponisten geht, häufen sich ohnehin die Geheimnisse (siehe den Beitrag zum »Andante favori«). Lange glaubte man sogar, Beethoven habe das Werk gar nicht »Für Elise«, sondern »Für Therese« genannt – und der Herausgeber habe die Handschrift falsch entziffert. Dass Beethoven oft unleserlich schrieb, hat ganze Generationen von Musikforschern zur Verzweiflung gebracht. Aber auf einem Widmungsexemplar? Wir können es nicht mehr nachprüfen: Die Originalhandschrift des wohl berühmtesten Klavierstücks aller Zeiten ist verschollen.

»Für Elise« (bleiben wir dabei) erlebte seine Vollendung am 27. April 1810. Im selben Jahr machte Beethoven einer gewissen Therese Malfatti, Tochter eines seit 1808 mit Beethoven befreundeten Wiener Arztes, einen Heiratsantrag (der abgelehnt wurde). Die Vertreter der »Therese-Theorie« glauben, dass dies eine Spur sein könnte. Wer nicht von einer falschen Entzifferung des Widmungstitels ausgeht, hat es nicht ganz leicht, passende »Elisen« in Beethovens Leben zu finden.

2010 veröffentlichte der Musikwissenschaftler Klaus Martin Kopitz eine neue Theorie: Er wies auf Beethovens Freundschaft mit der Sängerin Elisabeth Röckel hin, die sich auch Elise nannte. Weitere Theorien folgten. Wenn das Originalnotenblatt noch einmal auftauchen sollte, wissen wir vielleicht mehr …

Ein »Hit« für alle Klavierschülerinnen und -schüler: Beethovens »Für Elise«. Aber wer war die Widmungsträgerin eigentlich?

GIOACCHINO ROSSINI (1792–1868)

36 Der Barbier von Sevilla
(1816)
Bestseller aus der Opernfabrik

In einem Fernsehquiz stellt der Showmaster diese Frage: Welche ist die berühmteste Komposition Gioacchino Rossinis? Der eine Kandidat antwortet: »Die Oper ›Der Barbier von Sevilla‹.« Der zweite sagt: »Tournedos à la Rossini.«

Beide haben recht! Rossini tat sich neben dem Opernschreiben gerne als Gourmet hervor. Als er sich – durch fleißiges Komponieren reich geworden – mit nur 38 Jahren zur Ruhe setzte und in Paris niederließ, erfand er Musik nur noch für Privatkonzerte und widmete sich ansonsten dem Kochen. Regelmäßig lud er Bekannte und Freunde zu festlichen Essen in sein Haus. Nach dem Mahl wurde musiziert. Als ihn eines Tages der junge, ehrgeizige Opernrevolutionär Richard Wagner besuchte, um mit ihm über Musik zu philosophieren, unterbrach der Italiener ihn permanent und empfahl sich: Er hatte einen Braten im Ofen.

Schon mit 18 war dem aus Pesaro stammenden Rossini der erste Opernerfolg gelungen, bald schrieb er wie am Fließband. Zeitweise flossen ihm fünf Werke pro Jahr aus der Feder. Karikaturen zeigen seine »Musikfabrik«, in der er mit der einen Hand Noten aufs Papier setzt, während er mit der anderen die Blätter dem Kopisten reicht und die Musik woanders schon geprobt wird. »Il barbiere di Siviglia« (»Der Barbier von Sevilla«), entstanden 1816 in der rasenden Geschwindigkeit von knapp drei Wochen, knüpft an einen anderen Opernerfolg an – an Mozarts 30 Jahre älteres Stück »Le nozze di Figaro« (»Figaros Hochzeit«). Rossini erzählt die Vorgeschichte zur Mozart-Oper. Beide Werke sind turbulente Komödien, in denen man Einblicke in den Alltag des hier ziemlich der Lächerlichkeit preisgegebenen Adels bekommt. Es geht um Ehebruch, Betrug und allerlei Intrigen – zusammengehalten durch die stets raffiniert alle Widrigkeiten umschiffende Dienerfigur des Figaro.

Gioacchino Rossini auf einer Fotografie. Im Alter von 38 konnte er sich nach arbeitsreichen Jahren wohlhabend zur Ruhe setzen.

NICCOLÒ PAGANINI (1782–1840)

37 — Capricen (1817)
Das erste Opus des Teufelsgeigers

Er war eine Gestalt wie aus einem der zu seiner Zeit so beliebten Schauerromane: Um seinen hageren Körper schlotterte ein schwarzer Frack, seine dunklen Haare hingen ihm wirr bis zu den Schultern. Markant war seine Hakennase in dem blassen Gesicht. Eine Brille mit dunkelblauen Gläsern verdeckte seine Augen – ein Grund mehr, ihn als lichtscheues Geschöpf der Nacht zu verdächtigen. Hinzu kam sein extrem virtuoses Geigenspiel. Und dabei hatten die Menschen auch noch Gelegenheit, seine langen und dünnen Finger zu bestaunen, die über die Saiten rasten und schier Übermenschliches zuwege brachten.

Der aus Genua stammende Paganini, ein Star seiner Zeit, war der »Teufelsgeiger« schlechthin. Die Gerüchte um seine Verbindungen zu satanischen Mächten räumte der Virtuose selbst nicht aus – waren sie doch ein Grund für seinen Erfolg. Dazu passt auch, dass von einigen Jahren seines Lebens vor der Karriere wenig bekannt ist. Bis heute weiß man nicht, ob sich Paganini in dieser Zeit irgendwo hat ausbilden lassen – und wenn ja, von wem. Zeitgenossen wie Franz Schubert, Robert Schumann, Franz Liszt oder Frédéric Chopin berichteten über Paganinis Auftritte voller Bewunderung. Auch seine Werke, die er natürlich für sich selbst schrieb und die damals niemand anders meistern konnte, künden von seinen Fähigkeiten. Neben seinen Violinkonzerten sind das vor allem die über mehrere Jahre hinweg entstandenen und 1817 vollendeten 24 Capricen op. 1 für Violine solo, die das Geigenspiel revolutionierten.

Ein besonders gruseliges Kapitel schrieb die Paganini-Geschichte erst nach dem Tod des Virtuosen: Weil der Geiger auf dem Sterbebett keine Beichte ablegen wollte und man ihn für einen Anhänger des Satans hielt, versagte ihm die Kirche 36 Jahre lang ein Begräbnis. Die Leiche soll angeblich in einer Höhle auf der unbewohnten Mittelmeerinsel Saint-Féréol »zwischengelagert« worden sein, bevor sie in Parma die letzte Ruhe fand.

Der »Teufelsgeiger« Niccolò Paganini auf einem Gemälde von Georg Friedrich Kersting. Die Handhaltung des Virtuosen zeigt, dass er besonders die schwierig zu bewältigenden hohen Lagen seines Instruments beherrschte.

FRANZ SCHUBERT (1797–1828)

38 »Forellenquintett« (1819)
Ein Quintett als Reisesouvenir

Von den sogenannten »Wiener Klassikern« war Franz Schubert der einzige, der tatsächlich in Wien geboren wurde: Beethoven kam aus Bonn, Mozart aus Salzburg und Haydn aus Niederösterreich. Schubert stammte aus der damaligen Wiener Vorstadt Lichtental. Sein Vater, ein Schullehrer, erkannte sein Talent und schickte ihn auf das kaiserliche Konvikt, wo die Musikausbildung eine große Rolle spielte. Besondere Bedeutung sollte Schubert in einer Gattung erlangen, die bis zu seiner Zeit deutlich im Schatten anderer Genres lag: im Lied. Über 600 Vertonungen von mehr oder weniger bedeutender Lyrik für Singstimme und Klavier hat er komponiert und damit Musikgeschichte geschrieben. Versuche, in publikumswirksamen Bereichen wie der Oper zu überzeugen, schlugen fehl. Da Schubert auch kein Virtuose war und eher zur Bescheidenheit neigte, blieb er zeit seines kurzen Lebens im Schatten anderer und lebte mitunter an der Grenze zur Armut. Freunde unterstützten ihn und organisierten Hauskonzerte, in denen seine Werke erklangen.

Liedartige Themen und Zitate eigener Lieder finden sich auch in Schuberts Instrumentalmusik – so etwa im sogenannten »Forellenquintett«. Es verdankt seinen Namen dem vierten Satz, Variationen über Schuberts Lied »Die Forelle«. Das Quintett entstand auf einer Reise. Im Sommer 1819 wanderte Schubert mit einem Freund durch Oberösterreich. Die beiden besuchten das Benediktinerkloster Melk, machten Station in Sankt Florian und kamen nach Steyr, wo ein ehemaliger Konviktkamerad lebte – und ein vermögender Junggeselle namens Sylvester Paumgartner musizierende Laien um sich scharte. Für diesen Rahmen schrieb Schubert, sicher auch inspiriert durch die erlebten landschaftlichen Reize, das »Forellenquintett« – übrigens eines der seltenen Kammermusikwerke, in denen ein Kontrabass mitwirkt. Schubert wird bei der Uraufführung selbst den Klavierpart übernommen haben.

Spuren des Gedenkens an Franz Schubert im österreichischen Steyr: Hier schrieb der Komponist sein berühmtes »Forellenquintett«.

CARL MARIA VON WEBER (1786-1826)

39_Der Freischütz (1821)
Deutsche Romantik auf der Opernbühne

Tiefe Wälder, Hörnerklang, Jäger, eine verrufene Schlucht, in der das Böse regiert: Die Zutaten zu einer romantischen Gruselgeschichte kommen uns heute vielleicht so abgenutzt vor wie der berühmte röhrende Hirsch auf dem Gemälde im bürgerlichen Wohnzimmer. Doch zu Beginn des 19. Jahrhunderts waren diese Elemente neu – vor allem auf der Opernbühne. Carl Maria von Weber, dem Sohn eines reisenden Komödianten und keineswegs Absolvent einer gründlichen musikalischen Ausbildung, war es gelungen, mit dem am 18. Juni 1821 in Berlin uraufgeführten »Freischütz« die erste weltweit erfolgreiche deutsche Oper zu schreiben. Ein Werk, das nicht nur sprachlich, sondern auch inhaltlich mit dem Land zwischen Alpen und Nordsee verbunden ist.

Bis dahin hatten deutschsprachige Opern eher in der Ferne, etwa in der Türkei oder in nicht näher benannten Wunderländern, gespielt – wie Mozarts »Entführung aus dem Serail« oder »Zauberflöte«. Pioniere wie der heute weniger bekannte Louis Spohr hatten versucht, das zu ändern. Doch es war Weber, der in diesen Zeiten der Besinnung auf das Nationalbewusstsein den Nerv wirklich traf.

Die geheimnisvolle Geschichte um den Jägerburschen Max, der mit einem Probeschuss seine Geliebte Agathe erringen muss und um dieser Liebe willen verzauberte Kugeln benutzt, ist das eine. Das andere ist die vielschichtige »Orchestersprache«, mit der Weber das Geschehen untermalt und die ihn zu einem Vorläufer von Richard Wagner macht. Allein die Themen und die Klangfarben des Begleitapparates erzählen das Bühnengeschehen, und sie beleuchten – etwa mit bestimmten symbolhaften Motiven –, was in den Figuren vorgeht. Dass einige Nummern aus der Oper wie etwa der berühmte »Jägerchor« oder »Wir winden dir den Jungfernkranz« später zum Gegenstand einer gewissen Deutschtümelei wurden, steht freilich auf einem anderen Blatt.

Horror in der Wolfsschlucht: »Der Freischütz« gilt als erste romantische Oper der Musikgeschichte. Das Szenenbild entstand für die Weimarer Inszenierung 1822.

FRANZ SCHUBERT (1797-1828)

40 Sinfonie h-Moll »Unvollendete« (1822)

Ein Dokument des Scheiterns?

1816, mit nur 19 Jahren, vollendete Schubert seine vierte und fünfte Sinfonie, 1818 folgte eine sechste – allesamt durchaus Jugendwerke, die sich noch ganz der Tradition von Joseph Haydn und des frühen Beethoven verpflichtet fühlten. Danach kümmerte sich der Komponist drei Jahre lang nicht mehr um die sinfonische Gattung, wagte dann jedoch gleich mehrere Vorstöße: 1821 »versuchte« er eine Sinfonie, brach aber nach 110 Takten ab. Am 22. Oktober 1822 begann er einen zweiten Anlauf, beendete die ersten beiden Sätze und skizzierte den weiteren Verlauf nur in groben Zügen bis zum 30. Oktober. Die Teile des Werkes, die Schubert wirklich fertig geschrieben hat, werden heute als »Unvollendete« aufgeführt. Warum brach der Komponist die Arbeit ab? Es war keine Krankheit, es war auch nicht (wie im Fall etwa von Bruckners unvollendeter Neunten) der Tod, der die Fertigstellung verhinderte. Viele glauben, Schubert habe eben in den beiden Teilen alles gesagt, was zu sagen war – und somit sei das Werk auf seine Weise eben doch »vollendet«. Andere vermuten, er sei mit seiner neuen Konzeption sinfonischer Musik nicht zurechtgekommen, die er dann erst 1826 in der (vollendeten) »Großen C-Dur-Sinfonie« umsetzte.

Schon der Beginn der »Unvollendeten« war damals im wahrsten Sinne des Wortes unerhört: kein festliches Auftrumpfen des Orchesters mehr, keine vordergründige Spannung. Dafür ein fernes Raunen, dann ein hypnotisches Kreisen einer einsamen Oboe, bevor sich eine lyrische Melodie voller Weltverlorenheit auftut, die freilich wie von unsichtbarer Hand gestoppt wird.

Die eigenwillige Partitur gelangte in den Besitz des Schubert-Freundes Josef Hüttenbrenner, dem man später zum Vorwurf machen sollte, die Existenz des bedeutenden Werkes verschwiegen zu haben. Sowohl die »Unvollendete« als auch die »Große C-Dur-Sinfonie« erklangen erst Jahre nach Schuberts Tod im Konzertsaal.

Der Komponist Franz Schubert.

LUDWIG VAN BEETHOVEN (1770-1827)

41 Sinfonie Nr. 9 (1824)
Die Sinfonie der Menschheitsverbrüderung

Man sagt »Die Neunte«, und sofort ist klar, welches Werk gemeint ist. Kaum eine Sinfonie, kaum ein Werk der Musikgeschichte lässt sich mit einem eigentlich doch sehr ungenauen Beinamen so genau bezeichnen. »Die Neunte« ist nicht die Neunte von Schubert, nicht die Neunte von Bruckner, Mahler oder Dvořák – es ist die Neunte von Ludwig van Beethoven, die einen Wendepunkt in der Musik darstellt. Ungebrochene Popularität verdankt sie dem Schlusssatz, in dem Beethoven Teile der Ode »An die Freude« von Friedrich Schiller vertont hat. Allein diese Verbindung von Instrumental- und Vokalmusik sprengt die Grenzen der Gattung Sinfonie, unter der man ja eigentlich ein reines Orchesterwerk versteht.

Beethoven hat mit dem Schritt, Gesang und mit ihm das dichterische Wort in eine Sinfonie einzubeziehen, noch wenige Monate vor der Uraufführung im Mai 1824 gehadert. Der Plan, mit Schillers »Ode an die Freude« ein Loblied auf die Vision menschlicher Brüderlichkeit zu vertonen, beschäftigte ihn aber schon lange. Außerdem muss er selbst von der ebenso einfachen wie großartigen Melodie begeistert gewesen sein, die ihm dazu eingefallen war.

In der Sinfonie dauert es lange, bis sie erscheint. Das Publikum wird in drei Sätzen Zeuge eines verschwommenen Kampfes um diese Visionen, die sich aus einem düsteren »Urnebel« schälen, dann in einen wahnwitzigen Tanz verfallen und schließlich in entrückten Träumen zu entschwinden drohen – bis der dissonante Beginn des Finales alle aufschreckt und die Streicherbässe des Orchesters zu »sprechen« scheinen und endlich das berühmte Thema vorstellen. Seit 1972 fungiert es als Europahymne – zwei Jahre nachdem es als »A Song of Joy« in die Pop-Charts kam.

Auch in eher unbekannteren Bereichen hat die Neunte ihre Spuren hinterlassen: So bestimmte der Sony-Konzern nach der Länge dieses Werkes von etwa 75 Minuten den Spieldauer-Standard der Audio-CD.

Vom Sinfoniefinale zur Europahymne: Beethovens »Neunte« ist ein Klassikwerk mit ganz besonderer Geschichte.

FRANZ SCHUBERT (1797-1828)

42 »Ave Maria« (1825)
Ein Lied aus dem schottischen Hochland

Franz Schubert war ein eifriger Leser – kein Wunder, denn einen riesigen Teil seines Schaffens machen Lieder aus. Aber nicht nur die Bücher von Goethe, Schiller und anderen »hohen« Klassikern standen im Regal des Komponisten. Berühmt ist etwa Schuberts Vertonung der Zyklen »Die schöne Müllerin« und »Winterreise« nach Gedichten des heute kaum noch bekannten Wilhelm Müller.

Auch Walter Scott war unter Schuberts Text-Lieferanten – heute noch vage bekannt durch die auch verfilmten »Ivanhoe«-Geschichten. Im Biedermeier war Scott ein wahrer Modeautor. Seine Werke beschworen die phantastische Atmosphäre des Mittelalters herauf und begeisterten die Leserinnen und Leser mit spannenden Erzählungen von ritterlichen Turnieren, Schlachten und Liebesabenteuern vor der Kulisse der wildromantischen schottischen Landschaft.

Auch das Versepos »Das Fräulein vom See« war ein Bestseller der Zeit. Schubert entnahm dem Werk sieben Texte für eigene Liedvertonungen, darunter die drei Gesänge Ellens, der Hauptfigur der Geschichte. Der dritte davon ist als »Ave Maria« bekannt geworden. Nicht zu verwechseln mit dem »Ave Maria«, das Charles Gounod über ein Präludium von Bach legte, hat Schuberts Stück im Gegensatz zu diesem auch keinen direkten sakralen Bezug – und das, obwohl es oft in der Kirche erklingt und für Hochzeiten und Beerdigungen eine riesige Fülle an Bearbeitungen zur Verfügung steht. In Scotts Epos ist dieser Gesang ein Schlaflied. Die Geschichte spielt am schottischen Loch Katrine, auf dessen Insel sich der vom König verbannte Graf Douglas mit seiner Tochter Ellen verborgen hält. Eines Tages verirrt sich der Herrscher an das Ufer des Sees. Ellen nimmt ihn im Schloss auf, ohne jedoch ihren Namen zu nennen. Der König verliebt sich in sie, und sie singt ihn mit ihrer wunderbaren Stimme in den Schlaf. Diese Liebe wird nach blutigen Kämpfen am Ende siegen.

Der Schriftsteller und Dichter Sir Walter Scott schrieb die Textvorlage zu Schuberts »Ave Maria«.

VINCENZO BELLINI (1801–1835)

43 — Norma (1831)
Die Schicksalspartie der Maria Callas

1831 hatte der italienische Komponist Vincenzo Bellini eine Sternstunde seiner Karriere erreicht. Nach »La sonnambula« (»Die Nachtwandlerin«) erlebte das verwöhnte Mailänder Publikum am 26. Dezember 1831 »Norma« – die im antiken Gallien spielende Geschichte um eine Druiden-Priesterin, die sich heimlich in einen feindlichen Römer verliebt, der sie dann betrügt. Die Darstellung dieser Frau, die am Ende zusammen mit ihrem Geliebten den tödlichen Scheiterhaufen besteigt, ist eine Steilvorlage für Opernstars, die nicht nur singen, sondern ihre Heldinnen wirklich verkörpern wollen. Besonders berühmt wurde die Arie »Casta Diva«, in der Norma ihre seelischen Verstrickungen zum Ausdruck bringt.

Die Premiere in Mailand wurde zum Fiasko. War die Norma-Darstellerin Giuditta Pasta der Rolle nicht gewachsen? Bald zeigte sich: Die perfekte Norma zu finden ist unmöglich. Zu vielseitig sind die technischen Anforderungen, die man erfüllen muss, um den vielen Facetten dieser tragischen Figur gerecht zu werden. Nur die »Primadonna assoluta« Maria Callas scheint die Sängerin gewesen zu sein, wie es sie nur einmal in 100 Jahren gibt, die die Rolle ausfüllen konnte. Bis heute verbindet man sie mit dieser Partie.

Für viele mag sich das Schicksal der Heldin mit dem Leben der 1923 in New York geborenen Opernlegende überlagern. Mit nur 53 Jahren starb die Sängerin nach Jahren seelischer Qualen an Herzversagen. Der durch extreme Disziplin erkämpfte Ruhm, ihr Temperament, das sie auch außerhalb der Bühne keineswegs zügelte, ihre Ehe mit dem italienischen Industriellen Battista Meneghini und ihre Affäre mit dem griechischen Reederkönig Aristoteles Onassis hatten jahrelang weltweit die Schlagzeilen beherrscht. Als sie sich von ihrem Mann (und Manager) Meneghini wegen ihrer Liebe zu Onassis trennte, wandte sich der von ihr ab und ehelichte Jackie Kennedy, die Witwe des ermordeten amerikanischen Präsidenten.

Die legendäre Opernsängerin Maria Callas im Kostüm ihrer berühmtesten Rolle: die Norma aus Vincenzo Bellinis gleichnamiger Oper. Das Foto zeigt die »Diva assoluta« in der Garderobe der Oper von Chicago im Jahre 1954.

HECTOR BERLIOZ (1803–1869)

44 Symphonie fantastique
(1830, revidiert 1832)

Opiumrausch als Sinfonie

Musik und Drogen: Bei diesen Stichwörtern denkt jeder gleich an Eskapaden von Rock- und Pop-Größen, doch der Franzose Hector Berlioz hat schon 1830 einen Horrortrip in eine Sinfonie verwandelt – seine »Symphonie fantastique«, die einen Skandal auslöste. Hinter der Entstehung des Werkes steht eine romantische Liebesgeschichte: Im September 1827 erlebte Berlioz zum ersten Mal die irische Schauspielerin Harriet Smithson auf der Bühne, verliebte sich unsterblich in sie, und seine Gefühle steigerten sich zur Vision eines riesigen Instrumentalwerkes, mit dem er der Angebeteten beweisen wollte, welches Genie in ihm steckte.

Er stellte sich ein ganzes Drama vor: Die Hauptfigur, ein junger Künstler (natürlich der Komponist selbst), hat aus Verzweiflung über eine unglückliche Liebe Opium genommen – eigentlich um sich selbst damit zu töten, aber die Dosis war zu schwach, und nun erlebt er statt des erlösenden Todes Visionen: Träume, Leidenschaften, Zerrbilder eines Balls, Zuflucht in der Natur und schließlich die Wahnvorstellung, die Geliebte getötet zu haben und zum Tode verurteilt worden zu sein! Es folgt der Gang zur Hinrichtung, das Fallbeil tötet den Delinquenten, der dann auch noch in eine geisterhafte Sequenz mit Hexen, Gespenstern und Dämonen geworfen wird. 1833 heiratete er Harriet Smithson endlich, doch die Ehe sollte nur elf Jahre halten.

Die musikhistorische Bedeutung der Sinfonie liegt darin, dass hier erstmals ein klar formuliertes dramatisches Geschehen mit der Instrumentalgattung Sinfonie verbunden wird. So ist Berlioz auch einer der Urväter der Filmmusik. Weltruhm erlangte er nicht nur durch seine Musikwerke. Als Erster widmete er der Kunst der Instrumentation, also der Kenntnis der Möglichkeiten einzelner Instrumente und deren Klangfarbenmischung im Orchester, ein eigenes Lehrbuch. Bis heute orientieren sich Kompositionsstudenten daran.

Der Komponist Hector Berlioz.

FELIX MENDELSSOHN (1809–1847)

45__ Sinfonie Nr. 4 A-Dur op. 90 »Italienische« (1833)
Klänge aus dem sonnigen Süden

Das »Land, wo die Zitronen blüh'n«, wie Johann Wolfgang von Goethe Italien umschrieb, war zu Mendelssohns Zeit schon seit Generationen ein Sehnsuchtsort von Künstlern, später auch von Bildungsbürgern. In der Barockzeit hatten sich Musiker jenseits der Alpen – wo Meister wie Corelli oder Vivaldi wirkten – über die aktuellsten Trends ihrer Kunst informiert. Seit Goethe interessierte man sich für die Überreste der Antike. Bei Mendelssohn kam die für die Romantik typische Begeisterung für nationale Folklore hinzu – und so ist es kein Wunder, dass der junge Komponist, als er 1830 eine Bildungsreise nach Italien unternahm, auch musikalische Eindrücke mitbrachte. Ganz unverkennbar italienisch wird die Sinfonie, die Mendelssohn nach seiner Reise komponierte, übrigens erst im letzten Satz: Hier hat der Komponist den Saltarello in eine sinfonische Form gebracht – einen mitreißenden, überschäumenden Tanz, der erstmals im 14. Jahrhundert auftaucht und dem der Komponist 1831 im römischen Karneval lauschte. Aber auch der Beginn der Sinfonie vermittelt durchaus beschwingte südliche Leichtigkeit.

Das Werk ist nicht das einzige, zu dem sich Mendelssohn durch Reiseeindrücke inspirieren ließ. Schon 1829 hatte er Schottland besucht und kurz darauf die »Schottische Sinfonie« (seine dritte) komponiert. Bei der Besichtigung der »Fingalshöhle« auf der Hebrideninsel Staffa notierte der Komponist spontan ein paar Takte Musik, aus denen er später seine Ouvertüre »Die Hebriden« entwickelte. Viele Komponisten, darunter etwa Johannes Brahms oder Mendelssohns Freund Robert Schumann, kämpften darum, nach den umwälzenden Werken des 1827 verstorbenen Beethoven einen neuen Zugang zur Gattung der Sinfonie zu finden. Mendelssohn gelang dies unter anderem durch eine Hinwendung zur romantischen Naturpoesie, wie sie Beethoven übrigens selbst in seiner Sechsten umgesetzt hatte.

Farbige Postkarten kannte Felix Mendelssohn noch nicht. Er verwandelte die Schönheiten Italiens in eine seiner berühmtesten Sinfonien.

CLARA SCHUMANN, GEBORENE WIECK (1819–1896)

46 Soirées musicales op. 6
(1836)
Klavierstücke im Schatten

Clara Schumann, geborene Wieck, war schon in jungen Jahren eine verheißungsvolle Pianistin. Der Vater, der Leipziger Klavierlehrer Friedrich Wieck, baute sie systematisch als Wunderkind auf. Und als Robert Schumann, einer seiner Schüler, mit Clara eine Liebesbeziehung begann, ging er eifersüchtig gegen die Verbindung vor. Vergeblich: Robert und Clara gingen vor Gericht und heirateten nach juristischem Sieg 1840. Sie gingen in die Geschichte ein als typisch romantisches Liebespaar, das für sein Glück kämpfen muss – und am Ende doch scheitert. Schumann, der sich durch selbst entwickelte Übungsmethoden eine Fingerlähmung zugezogen hatte, musste seine Pianistenkarriere aufgeben.

Clara, die in den nächsten Jahren neun Kinder gebar und miterleben musste, wie ihr Mann in geistige Umnachtung verfiel, gelang es trotzdem, ihre Laufbahn als Solistin aufrechtzuerhalten. Dass sie als Komponistin in seinem Schatten blieb, liegt zum großen Teil daran, dass sie eine Frau war. Das »schwache Geschlecht« hatte im 19. Jahrhundert bestenfalls ein hübsches Bild am Klavier abzugeben, durfte sich aber kaum kompositorisch betätigen.

Doch Clara Schumann komponierte schon in ihrer Jugend unter anderem ein Klavierkonzert, das sie 1835 mit nur 16 Jahren in Leipzig spielte (am Dirigentenpult stand Felix Mendelssohn), außerdem Lieder und eine Fülle an Soloklavierwerken – darunter auch zwischen 1834 und 1836 den Klavierzyklus mit dem Titel »Soirées musicales«. Satzbezeichnungen wie »Mazurka«, »Polonaise« oder »Ballade« weisen den Weg zu einem großen pianistischen Vorbild, dem viele Tastenvirtuosen der Zeit nacheiferten: Frédéric Chopin, den die Pianistin auch persönlich kennenlernte. Besondere Bedeutung hatte Clara Schumann auch als Pädagogin: Ab 1878 lehrte sie an einem Konservatorium in Frankfurt.

Bild oben: Clara Schumann war eine der berühmtesten Pianistinnen ihrer Zeit – und komponierte auch. Bild unten: In der Endphase der D-Mark zierte ihr Porträt den 100-DM-Schein.

ROBERT SCHUMANN (1810–1856)

47__Kinderszenen op. 15 (1838)
Auch für große Leute

»War es wie ein Nachklang von Deinen Worten einmal, wo Du mir schriebst, ›ich käme Dir auch manchmal so wie ein Kind vor‹ – kurz, es war mir ordentlich wie im Flügelkleide und hab' da an die 30 putzige Dinger geschrieben, von denen ich etwa zwölf ausgelesen und Kinderszenen genannt habe. Du wirst Dich daran erfreuen, musst Dich aber freilich als Virtuosin vergessen.«

So schrieb Robert Schumann Anfang des Jahres 1838 aus Leipzig an seine große Liebe, die Pianistin Clara Wieck. Sie war sofort begeistert und spielte die »putzigen Dinger« in einsamen Stunden. Sicher dachte sie dabei an ihren Geliebten. Den Umgang mit ihm hatte ihr Vater – Klavierpädagoge und »Manager« der damals 18-jährigen begabten Tochter – streng verboten.

Dass sie sich in den »Kinderszenen« als Virtuosin »vergessen sollte«, bezieht sich auf den geringen technischen Schwierigkeitsgrad des Zyklus, aber auch auf den poetischen Gehalt. Es geht nicht um Virtuosität, sondern um Ausdruck: Schumann schuf mit seinem Opus 15 Musterbeispiele für das romantische Genre des »Charakterstücks«. Formale Bezeichnungen wie »Sonate« weichen hier charakteristischen Titeln. Interessanterweise hat sich herausgestellt, dass Schumann gerade diese Überschriften erst später hinzugefügt hat. So schrieb er in einem Brief, man meine wohl, »ich stelle mir ein schreiendes Kind hin und suche die Töne dann danach. Umgekehrt ist es. Doch ich leugne nicht, daß mir einige Kinderköpfe vorschwebten beim Componieren; die Überschriften entstanden natürlich später und sind eigentlich nichts als feinere Fingerzeige für Vortrag und Auffassung.«

Neben tatsächlichen kindlichen Bezügen (»Haschemann«, »Ritter vom Steckenpferd«, »Kind im Einschlummern«) enthalten die »Kinderszenen« auch Sätze jenseits des Kindlichen. So etwa die »Träumerei« – heute eine der berühmtesten Melodien der klassischen Musik überhaupt.

Das Steckenpferd war schon bei Kindern des 16. Jahrhunderts ein beliebtes Spielzeug. Robert Schumann setzte ihm in seinem Klavierzyklus »Kinderszenen« ein klingendes Denkmal.

FRÉDÉRIC CHOPIN (1810–1849)

48   24 Préludes op. 28 für Klavier (1839)

Ein Gruß von den Balearen

»Ich lebe hier zwischen Felsen und Meer, in einer Zelle eines riesigen verlassenen Klosters … Meine Zelle, einem großen Sarg ähnlich … ein kleines Fenster, das auf die Apfelsinenbäume, die Zypressen des Gartens den Blick freigibt … Auf dem Notenpult – Bach, meine Kladden … Mit einem Wort – ich schreibe Dir von einem recht sonderbaren Ort.«

Der »sonderbare Ort«, an dem Frédéric Chopin diese Zeilen schrieb, gehört heute zum Mekka von Millionen sonnenhungriger Touristen: Es ist Mallorca, wohin sich der Komponist und Pianist zusammen mit seiner Geliebten, der extravaganten Schriftstellerin mit dem männlichen Pseudonym George Sand, im Jahre 1838 aus gesundheitlichen Gründen zurückgezogen hatte. Das Paar lebte im Kloster Valldemossa, wohin man für den Komponisten mit viel Mühe sogar ein Klavier geschafft hatte. Chopins Lungenleiden sollte sich nicht bessern, und er litt zunehmend an Depressionen. Die Einwohner mieden den merkwürdig blassen, schwarz gekleideten Fremden, als hätte er den Aussatz.

Was Chopin schließlich Erleichterung verschaffte, war die Musik: Er schrieb in diesem Ambiente (das man heute noch besichtigen kann) die meisten Stücke einer Sammlung von 24 »Préludes«. Chopin, selbst herausragender Pianist, war vollkommen auf das Klavier fixiert. Es ist in jedem seiner Werke vom Konzert bis zur Kammermusik beteiligt. Die kurzen, manchmal geradezu fragmentarischen »Préludes« beschwören in ihrer Gedrängtheit lyrische, poetische, dramatische oder auch tragische Momente herauf, haben aber nichts mit dem bereits Jahrhunderte zuvor gängigen Begriff des »Präludiums« im Sinne eines »Vorspiels« zu tun. Besonders berühmt ist die Nummer 15, die angeblich vom Klopfen des Regens an eine Fensterscheibe inspiriert wurde. So schrieb es George Sand in ihrem Roman »Ein Winter auf Mallorca«, in dem sie den Aufenthalt mit Chopin auf der Baleareninsel schilderte.

Valldemossa auf Mallorca. Hier suchte Frédéric Chopin einen Winter lang Linderung seiner Tuberkulose und komponierte seine »Préludes«.

GIUSEPPE VERDI (1813–1901)

49 »Gefangenenchor« aus der Oper Nabucco (1842)

Geburt einer heimlichen Hymne

»La Traviata«, »Rigoletto«, »Der Troubadour«, »Don Carlos«: Das sind nur einige der Opern aus der Feder von Giuseppe Verdi – einem Komponisten, dessen Name als Synonym für die italienische Oper überhaupt steht. Auf das Jahr genau so alt wie sein Kollege Richard Wagner, steht er als dessen Gegenpart in den Geschichtsbüchern. Italienischer Stil gegen deutscher Stil – klassische Nummernoper mit Arien als Glanzpunkten gegen das durchkomponierte, wie eine »Sinfonie mit Gesang« vorüberziehende »Gesamtkunstwerk«: Noch heute streiten Opernfans, was besser ist. Natürlich ohne Ergebnis.

Verdis Karriere wäre fast schon beendet gewesen, bevor sie begonnen hatte, denn der junge Musikenthusiast wurde am Mailänder Konservatorium abgewiesen. Ein Geschäftsfreund von Verdis Vater finanzierte Privatunterricht – und wurde später der Schwiegervater des Komponisten. Verdi musste kämpfen, bevor er seinen ersten Erfolg verbuchen konnte. Privat hatte der Komponist wenig Glück: Beide Kinder und seine Frau starben innerhalb weniger Jahre. Verdi traf der Schicksalsschlag so sehr, dass er das Opernkomponieren schon aufgeben wollte. Da zeigte ihm der Intendant der Mailänder Oper das Textbuch zu »Nabucco« – einem in babylonischer Zeit spielenden Drama, in dem es um die Gefangenschaft des jüdischen Volkes und dessen Befreiung ging. Verdi blätterte die Vorlage eher lustlos durch. Doch dann sollen ihm die Zeilen »Va, pensiero, sull'ali dorate« (»Flieg', Gedanke, auf goldenen Schwingen«) ins Auge gesprungen sein. Sie inspirierten ihn zum berühmtesten aller Opernchöre. Die Melodie wurde zur heimlichen italienischen Nationalhymne. Verdis Landsleute, die unter habsburgischer Herrschaft lebten, identifizierten sich mit den Gefangenen auf der Bühne. Am Tag nach der Uraufführung, die am 9. März 1842 stattfand, sang man die eingängige Melodie dieses »Gefangenenchors« bereits auf der Straße.

Die Mailänder Scala. An diesem Opernhaus feierte Giuseppe Verdi Triumphe – unter anderem mit »Nabucco«.

FELIX MENDELSSOHN (1809–1847)

50__»Hochzeitsmarsch« (1843)
Wenn Shakespeare-Helden heiraten …

Die Redewendung »nomen est omen« trifft auch auf manche Komponisten zu: Der Vorname »Amadeus« zum Beispiel, der zu Deutsch »der von Gott Geliebte« bedeutet, passt sehr gut zum begnadeten Mozart, und für Mendelssohn Bartholdy kann man sich eigentlich keinen besseren Namen denken als »Felix« – »der Glückliche«. Denn ein Glückskind war der Frühromantiker, der in Hamburg geboren wurde und als Sohn reicher Eltern in Berlin aufwuchs, sein ganzes (wenn auch kurzes) Leben lang. Es dürfte kaum einen großen Komponisten gegeben haben, dessen Schaffensfreude so wenig von Selbstzweifeln oder Misserfolgen getrübt war.

Als Felix' Begabung immer mehr in den Vordergrund trat, tat Mendelssohns Vater einen Schritt, von dem andere nur träumen können: Er engagierte professionelle Musiker, die sonntags die ersten Stücke des Jungen in Privatkonzerten im heimischen Salon aufführten. Ohne Bruch ergab sich in Mendelssohns Schaffen der Übergang vom hochbegabten Jugendlichen zum reifen Meister. Mit 17 nutzte er seine früh entwickelte Phantasie und sein mühelos erworbenes kompositorisches Handwerk für eine Ouvertüre zu Shakespeares phantastischem Elfen-Drama »Ein Sommernachtstraum«.

Als Mendelssohn fast 20 Jahre später den Auftrag erhielt, für eine Berliner Inszenierung des englischen Klassikers eine ganze Bühnenmusik zu komponieren, übernahm er das Orchesterstück ohne Veränderungen und entwickelte die darin enthaltenen musikalischen Themen weiter. Eines der berühmtesten Stücke aus dem »Sommernachtstraum« erklingt jedoch meist weder im Theater noch im Konzertsaal: Es ist der weltweit bekannte »Hochzeitsmarsch« (nicht zu verwechseln mit dem ebenfalls berühmten Hochzeitsmarsch aus »Lohengrin« von Richard Wagner). Eigentlich dazu gedacht, in Shakespeares Werk ein fröhliches Happy End zu untermalen, hat er sich längst als »die« Hochzeitsmelodie verselbstständigt.

Felix Mendelssohn als 12-Jähriger.

FRANZ LISZT (1811-1886)

51 _ Ungarische Rhapsodie Nr. 2 c-Moll (1847)

Vom Konzertpodium in den Zeichentrickfilm

Wenn es zu seiner Zeit den Begriff »Superstar« bereits gegeben hätte, man hätte ihn ohne Weiteres auf ihn anwenden können. Franz Liszt war ein glänzender Stern am Konzerthimmel Europas. Die Damenwelt lag ihm zu Füßen, und künstlerisch setzte er neue Maßstäbe als Virtuose. Er war der erste Musiker, der ganze Konzertabende allein am Klavier bestritt – und was er an den schwarz-weißen Tasten zum Besten gab, raubte den Zuhörern den Atem.

Liszt kam im heute österreichischen Raiding zur Welt, das zu seiner Zeit Doborján hieß und zu Ungarn gehörte. So begleitete das Ungarische Liszt sein Leben lang. Bevor ein anderer großer Komponist, Béla Bartók, die Musik Ungarns wirklich erforschte, hielt man das, was die sogenannten »Zigeuner« spielten, für originäres Volksgut. Liszt saß diesem Irrtum ebenso auf wie andere – etwa der Zeitgenosse Johannes Brahms in den berühmten »Ungarischen Tänzen«. Was Liszt aus den Folkloretraditionen machte, waren die »Ungarischen Rhapsodien«, die er als effektstarke Klavier-Virtuosenstücke komponierte, aber zum Teil auch für Sinfonieorchester instrumentierte. Sie gelten als populäre Gegenstücke zu den experimentelleren Werken wie etwa der Klaviersonate h-Moll, den Sinfonischen Dichtungen oder den späten Klavierwerken, in denen Liszt – übrigens als geläuterter, in Rom lebender Geistlicher – die Grenzen der Tonarten auslotete.

An der immensen Popularität gerade der »Ungarischen Rhapsodie Nr. 2« (entstanden 1847) hat auch ein Mann Anteil, der auf seine Weise die klassische Musik gerade in den USA populär machte: Walt Disney. Schon bevor er 1940 mit dem berühmten »Fantasia« vielen klassischen Musikwerken ein Denkmal setzte, nutzte er einige davon für seine Trickfilmreihe »Silly Symphonies«. So konnte 1929 das Kinopublikum in »The Opry House« eine fingerfertige Micky Maus am Flügel mit der »Zweiten Ungarischen« erleben.

Franz Liszt im Jahre 1839.

FRANZ LISZT (1811–1886)

52 — Liebestraum Nr. 3 As-Dur (1850)
Heiße Gefühle am Klavier

Um die Mitte des 19. Jahrhunderts tobte in der Musikwelt ein Richtungsstreit: Auf der einen Seite standen Komponisten wie Felix Mendelssohn, Robert Schumann oder Johannes Brahms, die sich voll und ganz auf die formale Gestaltung der traditionellen Gattungen konzentrierten. Ihnen gegenüber standen die sogenannten »Neudeutschen« – allen voran Franz Liszt und sein Schwiegersohn Richard Wagner, die nach Auflösung der künstlerischen Grenzen drängten. Bei Wagner geschah das in Form seiner Vorstellung der Oper als »Gesamtkunstwerk«, bei Liszt durch Einbezug poetischer Vorlagen in die Musik. So entwickelte er die »Sinfonische Dichtung« – eine Gattung der Orchestermusik, in der Geschichten, Stimmungen, Bildvorlagen oder Gedichte mit musikalischen Mitteln »nacherzählt« werden. Liszt hat zwölf Stück davon geschrieben.

Auch viele seiner Klavierwerke folgen diesem Konzept. So zum Beispiel die große Sammlung »Années de pèlerinage« (auf Deutsch »Pilgerjahre«) – nichts anderes als eine Folge musikalischer Tagebücher seiner Reisen durch die Schweiz und Italien.

Damit auch weniger technisch versierte Pianistinnen und Pianisten etwas Poetisches am Klavier zum Ausdruck bringen können, schuf Liszt nicht ganz so schwere Stücke für seine Schüler und Verehrer – und auch diese wurden zu wahren »Klassik-Hits«. Wie die drei 1850 erschienenen Stücke, die Liszt »Liebesträume« nannte. Es sind sozusagen Lieder in Instrumentalform, bei denen dem Komponisten auch Gedichte als Inspirationsquelle dienten. Der besonders berühmte »Liebestraum Nr. 3« basiert auf Zeilen von Ferdinand Freiligrath, die so beginnen: »O lieb so lang du lieben kannst! O lieb so lang du lieben magst! Die Stunde kommt, wo du an Gräbern stehst und klagst. Und sorge, dass dein Herze glüht. Und Liebe hegt und trägt, so lang ihm noch ein ander Herz in Liebe warm entgegenschlägt …«

Verse des Dichters Ferdinand Freiligrath inspirierten Franz Liszt zu dessen »Liebestraum Nr. 3«.

ROBERT SCHUMANN (1810–1856)

53 Sinfonie Nr. 3 Es-Dur op. 97 »Rheinische« (1850)
Klangbilder vom großen Strom

Seit der allerersten Ausstrahlung 1957 lockt der WDR in der Regionalfernsehsendung »Hier und Heute« das Publikum mit einer weit ausgreifenden, schwungvollen Anfangsmelodie: Es ist der Beginn von Robert Schumanns Sinfonie Nr. 3, der »Rheinischen«. Er schrieb sie in der heutigen nordrhein-westfälischen Landeshauptstadt Düsseldorf. Sie ist als klingendes Label des nördlichen Rheinlands gut geeignet.

Das Stück entstand gut 100 Jahre zuvor. 1850 zog Schumann mit Frau und Kindern nach Düsseldorf und trat hier seine Stelle als Städtischer Musikdirektor an. Man überhäufte den Komponisten mit Ehrungen, und die leichte rheinische Lebensart tat ihr Übriges, dass der gebürtige Zwickauer eine glückliche Zeit vor sich sah. Zum ersten Mal dürfte Schumann das Gefühl gehabt haben, neben seiner damals weitaus berühmteren Frau im Musikleben bestehen zu können. Dies sollte nicht so bleiben: Schumanns spätere Düsseldorfer Zeit war vom kompletten Versagen in seiner Position geprägt. Schumann besaß nicht die Autorität eines Kapellmeisters, außerdem quälten ihn Wahnanfälle, die wahrscheinlich von einer Syphiliserkrankung herrührten. Am 27. Februar 1854 unternahm er einen Selbstmordversuch und kam auf eigenen Wunsch in eine Heilanstalt im heutigen Bonn-Endenich.

Davon unbehelligt zeigt sich seine »Rheinische«, komponiert im Herbst 1850, als Werk voller Aufbruchstimmung. Statt der für eine romantische Sinfonie üblichen vier schrieb Schumann gleich fünf Sätze. Nach eigenen Worten hat er sich in der Themenfindung stark auf »Volkstümliches« konzentriert. Der vierte Satz trägt im Manuskript die Beschreibung »Im Charakter der Begleitung einer feierlichen Ceremonie«. Hier hat Schumann wahrscheinlich den Eindruck des Kölner Doms festgehalten, den er schon im Jahr zuvor besichtigt hatte.

Bild oben: So wie der Künstler Joseph Maximilian Kolb hat um 1850 der Komponist Robert Schumann die Stadt Düsseldorf gesehen. Hier entstand zu dieser Zeit dessen »Rheinische Sinfonie«. Bild unten: Das Gebäude der ehemaligen Heilanstalt in Bonn-Endenich, in die Schumann nach seinem Selbstmordversuch kam.

CHARLES GOUNOD (1818–1893)

54 »Ave Maria« (1852)
Zwei Komponisten – ein Klassik-Hit

Der eine schuf das Werk als eher minimalistischen Auftakt zu einer gewaltigen Sammlung von Klavierstücken, der andere entdeckte darin die Begleitung für eine weitgespannte Melodie: Das ist in kurzen Worten die Entstehungsgeschichte des »Ave Maria« von Charles Gounod, das sich über das fast unveränderte »Präludium C-Dur« aus dem ersten Band der Sammlung »Das Wohltemperierte Klavier« von Johann Sebastian Bach legt.

Wenn man alle Scheu gegenüber dem großen Meister Johann Sebastian Bach beiseitelässt, könnte man dieses erste Präludium durchaus als eine Begleitung ohne Melodie auffassen, eine Art Playback ohne Solisten. Bach war Ökonom, er schrieb keine Note zu viel. Ihm reichte es, die immer gleiche gebrochene Akkordfigur seines Präludiums durch die verschiedensten harmonischen Verzweigungen zu schicken. Dies ist im Kleinen auch das Prinzip, das Bach in seinem »Wohltemperierten Klavier« insgesamt verfolgt: Die Sammlung aus Präludien und Fugen wandert durch alle 24 Tonarten, bringt also den riesigen Kosmos der Töne zum Klingen. Gounod jedoch, der ja erst 70 Jahre nach Bachs Tod zur Welt kam, war ein Romantiker, der Opern schrieb (besonders berühmt: »Faust« von 1859) – und Kirchenmusik, die von Chor-Monumentalität, aber auch vom expressiven Einsatz der menschlichen Stimme lebt (etwa die Cäcilienmesse von 1855). Für sein »Ave Maria«, veröffentlicht unter dem Titel »Méditation sur le premier prélude de Bach«, musste Gounod Bachs Vorlage um einen Takt erweitern, damit die »Begleitung« zu seiner Melodie passte.

Sicher ist, dass Gounod Bachs Werk nicht »verbessern« wollte. Dafür war seine Hochachtung vor dem deutschen Barockmeister und der älteren Musik überhaupt viel zu groß. Als Gounod – lange vor seinen Erfolgen als Opernkomponist – Rom besuchte, war er von den alten Sakralwerken so angetan, dass er beinahe in den Priesterstand getreten wäre.

Der Komponist Charles Gounod, dem es gelang, ein Präludium von Johann Sebastian Bach mit einer neuen Melodie zu verbinden.

JOHANNES BRAHMS (1833–1897)

55— Variationen op. 23 (1863)
Ein Gruß der Engel?

Am 27. Februar 1854 saß Robert Schumann in seiner Düsseldorfer Wohnung an der Reinschrift eines neuen Werkes: Variationen für Klavier, deren Thema ihm wenige Wochen zuvor eingefallen war. Mitten in der Arbeit stand er auf, lief zum Rhein und stürzte sich in den Fluss. Fischer vereitelten den Selbstmordversuch, der Schumanns Zeit als Städtischer Musikdirektor der Rheinmetropole dramatisch beendete. Der Komponist – Ehemann der Klaviervirtuosin Clara Schumann und Vater von sechs Kindern – ließ sich daraufhin in die »Anstalt für Behandlung und Pflege von Gemütskranken und Irren« in Endenich bei Bonn einliefern. Schumann war schon lange vorher nicht mehr in der Lage gewesen, sein Amt in Düsseldorf auszuüben. Ihn quälten Wahnvorstellungen. Das Thema der Variationen, an denen Schumann vor dem Rheinsturz gearbeitet hatte, sei ihm »von Engeln als Gruß von Mendelssohn und Schubert« eingegeben worden, phantasierte er. Johannes Brahms, der schon als junger Mann ein enger Freund der Schumann-Familie geworden war, durch sie große Unterstützung erfuhr und einer der nächsten Zeugen von Schumanns geistigem Verfall wurde, arbeitete die »überirdische Melodie« zu einem eigenen Variationswerk aus. Er schrieb es für Klavier zu vier Händen – in der Zeit der bürgerlichen Hausmusik ein besonders beliebtes Genre – und widmete es Clara Schumann und einer ihrer Töchter. Schumanns eigener, unvollendeter Kompositionsansatz blieb übrigens lange unveröffentlicht – was Schumanns Witwe nicht daran hinderte, die sich darum rankende Geschichte weiterzugeben.

Erst 2006 wurden die Krankenakten, die unter der Aufsicht von Schumanns Arzt Dr. Richarz in Endenich entstanden waren, veröffentlicht. Damit endeten auch 150 Jahre der wildesten Spekulationen über Schumanns letzten Lebensabschnitt. Man nimmt an, dass die Geisteskrankheit mit einer Syphiliserkrankung in Zusammenhang stand.

Johannes Brahms als junger Mann.

RICHARD WAGNER (1813–1883)

56 Tristan und Isolde (1865)
Ein Akkord schreibt Musikgeschichte

Der Einsatz einer Streicherkantilene, drei Töne nur – und dann erklingt er, der sogenannte »Tristan-Akkord«, instrumentiert mit Streichern und Holzbläsern. Es ist der Beginn der Oper »Tristan und Isolde«, der seit über 150 Jahren die Musikgelehrten beschäftigt. In diesem einen Akkord (für Kenner: Es erklingen die Töne f, h, dis und gis) hat Richard Wagner die Traditionen ausgehebelt, der Musik den Boden unter den Füßen weggezogen, auf dem sie seit Jahrhunderten stand. Dem Hörer ist es unter Umständen nicht bewusst, dass er hier für ein paar Momente die Orientierung verliert.

Welche Tonart soll das sein? Niemand weiß es. Richard Wagner gewährt hier den ersten klaren Blick in die Atonalität, die spätestens ab Anfang der 20er Jahre des 20. Jahrhunderts typisches Merkmal der Moderne werden sollte.

Der Hörer soll sich hier ein wenig so fühlen wie die beiden Protagonisten seiner in mythischer Vorzeit spielenden Oper, die 1865 nach vielen Mühen in München uraufgeführt wurde. Wien hatte nach über 75 Proben das Handtuch geworfen und das Werk für »unaufführbar« erklärt. Der junge Tristan soll seinem König die Braut Isolde zuführen. Doch die beiden verlieben sich ineinander. Isolde, von Gewissensbissen geplagt, will sich vergiften, nimmt jedoch einen Liebestrank. Das unstillbare Verlangen ergreift die beiden nun noch mehr, und Wagner schildert es mit bisher nie da gewesenen Mitteln. So dürfte eine Passage im zweiten Akt die erste musikalische Darstellung eines Geschlechtsaktes sein. Dramaturgisch geschickt ist sie unmittelbar vor der Entdeckung durch den König platziert.

Das Werk speist sich übrigens auch aus autobiografischen Erlebnissen des Komponisten: 1857 hatte der stets von Gläubigern verfolgte Wagner in der Schweiz Zuflucht im Haus des Kaufmanns Otto Wesendonck gefunden und mit dessen Frau eine Liebesbeziehung begonnen, die Wagners eigene Ehe ruinierte.

Der »Tristan-Akkord« lässt sich, wie auf diesem Bild zu sehen, auch auf einer Gitarre greifen. Richard Wagner setzte ihn freilich für großes Orchester ein.

JOHANN STRAUSS SOHN (1825–1899)

57 An der schönen blauen Donau op. 314 (1867)
Von Wien um die Welt

»Seine Popularität ist geradezu unermesslich: in allen Weltteilen erklingen Strauß'sche Melodien und in unserem Weltteile fast aus jedem Hause«, schrieb ein Musikkritiker über Johann Strauß, der wie kein anderer das Flair der Kaiserstadt Wien in seiner Musik einzufangen verstand. Er war der »Walzerkönig«, Verfasser so unsterblicher Werke wie »An der schönen blauen Donau«, »Kaiserwalzer« oder »Rosen aus dem Süden«, Symbolfigur eines Tanzes, der seit seinem Aufstieg im Biedermeier untrennbar mit der Kaiserstadt verbunden ist.

»Strauß« steht übrigens für eine ganze Musikerdynastie: Strauß' Vater, der ebenfalls Johann hieß, brachte es zum Kaiserlichen Hofballdirektor und schrieb neben Hunderten von Walzern, Polkas und Galopps den berühmten »Radetzkymarsch«. Weitere musikalische »Strauße« waren unter anderem Josef, zwei Eduards und ein weiterer Johann.

Johann Strauß Sohn unternahm Konzertreisen bis in die USA, wo in Boston angeblich ein Heer von 20.000 Chorsängern den »Donauwalzer« interpretiert haben soll. Das Werk entstand in den Jahren 1866 und 1867 auf Anregung des Wiener Männergesang-Vereins. Strauß, der für seine Verpflichtungen auf den vielen Wiener Bällen und anderen Festlichkeiten ständig unter Schaffensdruck stand und neue Kompositionen brauchte, schrieb das Stück in zwei Versionen – der heute gängigen Orchesterfassung und, selten zu hören, als Männerchorlied mit Orchesterbegleitung.

Der »Walzer aller Walzer« besitzt eine Sonderstellung beim populären Neujahrskonzert aus Wien. Hier leitet er den Zugabenteil ein. Das leise Tremolo der Violinen in der Einleitung ist das deutliche Zeichen für das Publikum, das diese Stelle stets mit Applaus honoriert. Ein weiteres Ritual besteht darin, die vier Töne des Walzer-Hauptmotivs mit dem Text »Pro-sit Neu-jahr« von den Orchestermusikern singen zu lassen.

Der Goldene Saal des Wiener Musikvereins – Schauplatz des berühmten »Neujahrskonzerts«.

MAX BRUCH (1838–1920)

58 Violinkonzert Nr. 1 g-Moll op. 26 (1868)
Fast zu erfolgreich

Dass Erfolg auch ein Fluch sein kann, zeigt sich in vielen Komponistenbiografien – so auch in der des Spätromantikers Max Bruch. 1893 hatte der die Nase voll – und veröffentlichte (freilich in Form eines Scherzgedichts) die Absicht, Aufführungen seines 25 Jahre zuvor vollendeten ersten Violinkonzerts verbieten zu lassen. Der Grund: Alle Welt spielte nur dieses und kaum eines der beiden anderen.

Schaut man sich heute Konzertprogramme und Aufnahmelisten an, wird klar: Es hat sich kaum etwas daran geändert. Bruchs Violinkonzert steht in einer historischen Reihe mit den Violinkonzerten von Beethoven, Mendelssohn und Brahms. Als letztes romantisches Werk seiner Art folgt ihm 1903 noch das von Jean Sibelius. Diese vier haben übrigens je nur ein einziges Konzert für die Geige geschrieben. Vielleicht hätte Bruch den Kollegen darin folgen sollen.

Dass Bruchs Œuvre weit mehr zu bieten hat, weiß kaum jemand. Trotz aller Wiederentdeckungsversuche schaffen es Bruchs Sinfonien, seine Oper »Die Loreley«, seine umfangreiche Vertonung von Schillers Ballade »Die Glocke« oder seine Chorwerke nur selten in die Konzertprogramme. Einigermaßen bekannt ist noch die konzertante Phantasie op. 46 geworden – ebenfalls für Violine und Orchester –, der schottische Volkslieder zugrunde liegen. Das gilt auch für die Komposition »Kol Nidrei« für orchesterbegleitetes Violoncello über hebräische Melodien.

Bruch war ein Spätromantiker durch und durch. In Köln geboren, arbeitete er später in seiner Heimatstadt als Musiklehrer und war unter anderem in Koblenz, Bonn und Breslau tätig, bevor er als Professor nach Berlin ging. Er lebte bis 1920, war also Zeitgenosse großer stilistischer Veränderungen. Aber er negierte den Aufbruch der Moderne, der sich ankündigte, völlig – und blieb unbeirrbar den Idealen seiner Vorgänger verbunden.

Blick auf die Stadt Koblenz. Hier komponierte Max Bruch sein populäres Violinkonzert Nr. 1.

RICHARD WAGNER (1813–1883)

59 — Siegfried-Idyll (1870)
Musik auf der Treppe

Im März 1866 unternahm Richard Wagner einen Ausflug über den Vierwaldstätter See in der Schweiz. Er war in Begleitung seiner Geliebten Cosima, einer Tochter Franz Liszts, die zwar zu diesem Zeitpunkt noch mit dem Dirigenten Hans von Bülow verheiratet, mit Wagner jedoch seit drei Jahren liiert war. Erst 1870 sollte es zur Scheidung der Bülows kommen. Kurz darauf heiratete Cosima Richard Wagner, nachdem sie bereits zwei Kinder von ihm geboren hatte. Auf der Halbinsel Tribschen bei Luzern entdeckten die beiden an diesem Märztag ein idyllisch gelegenes Haus, das einem Oberstleutnant gehörte und das Wagner sogleich mietete. Bis 1872, seinem Übersiedlungsjahr nach Bayreuth, sollte der Komponist hier leben – und es sollte die Umgebung für die Entstehung bedeutender Werke werden. Wagner vollendete hier die Oper »Die Meistersinger«, den letzten Akt des »Siegfried«, und er skizzierte die »Götterdämmerung«. Er lud Gäste wie den Philosophen Friedrich Nietzsche, den Dirigenten Hans von Bülow (trotz seiner Trennung von Cosima blieb er Wagner freundschaftlich verbunden), aber auch den bayerischen König Ludwig II. hierher ein. Ludwig sollte ja als Wagners Förderer in die Geschichte eingehen. Auch für das Familienleben blieb Zeit.

Am 4. Dezember 1870 vollendete Wagner das sogenannte »Siegfried-Idyll« – eine Collage aus Motiven der gerade vollendeten Oper um den berühmten Helden, die dann Teil der »Ring«-Tetralogie wurde. Wagner zeigt sich hier einmal als Meister der kleinen Besetzung: Die Partitur verlangt lediglich sieben Bläser, und die Streicher können solistisch besetzt werden. Die erste Aufführung dieses stimmungsvollen Werkes fand am 25. Dezember 1870 statt – am ersten Weihnachtsfeiertag, zugleich Cosimas Geburtstag. Aufführungsort war die große Haupttreppe der Villa, weshalb das Werk in der Familie einfach nur »Treppenmusik« genannt wurde.

In diesem Haus bei Luzern schrieb Richard Wagner sein »Siegfried-Idyll« als Geburtstagsgeschenk für seine Frau Cosima.

GIUSEPPE VERDI (1813–1901)

60 Aida (1871)
Eine italienische Oper am Nil

Als man Giuseppe Verdi die Geschichte um die äthiopische Aida, die im alten Ägypten einen eigentlich feindlichen Feldherrn liebt, als Projekt vorlegte, hatte er das Opernkomponieren offiziell schon aufgegeben. Doch dann lockte ein faszinierender Auftrag: Kein Geringerer als der in Europa erzogene ägyptische Vizekönig Ismail Pascha wünschte eine italienische Oper für das Opernhaus in Kairo. Er hatte das Libretto auf der Grundlage einer historischen Erzählung des französischen Archäologen Auguste Mariette eigens erarbeiten lassen. Mit der Eröffnung des Suezkanals, der die Handelswege zum afrikanischen Kontinent entscheidend verkürzt hatte, gab es für das Werk einen festlichen Anlass.

Verdi, der bereits auf die 70 zuging und es nach ruhmvollen Jahren zu Reichtum gebracht hatte, ließ sich dann doch dazu überreden, die »Aida« zu komponieren. Das Werk leitete damit seine ganz späte Phase ein. Mit den Shakespeare-Adaptionen »Otello« und »Falstaff« sollten noch zwei weitere Opern folgen.

Die Aufführungen der »Aida« waren von großen organisatorischen Problemen geprägt: Bühnenbilder und Kostüme kamen aus Paris. Frankreich stand jedoch gerade im Krieg mit Deutschland. Das Material war lange nicht aus der französischen Hauptstadt herauszubekommen. 1871 konnte das Werk dann doch in der Nilmetropole über die Bühne gehen, und ein Jahr später bejubelte das Publikum in Mailand die außergewöhnlich exotische Musik. Ein ganz besonderer Coup gelang Verdi mit dem berühmten »Triumphmarsch« – einer Siegesfeier nach einer gewonnenen Schlacht mit Balletteinlage und opulenten Regiemöglichkeiten bis hin zur Mitwirkung von Pferden oder gar Elefanten. Verdi ließ dafür spezielle Trompeten bauen, die den antiken Vorläufern des Blechblasinstruments ähneln sollten. Der besonders schmetternde Klang dieser »Aida-Trompeten« verleiht dem Triumphmarsch erst die richtige monumentale Pracht.

Bild oben: »Aida«-Inszenierung in der Arena di Verona. Bild unten: Die Arena di Verona vor dem Szenenaufbau für Verdis »Aida«.

MODEST MUSSORGSKY (1839–1881)

61 Bilder einer Ausstellung
(1874)
Wenn Bilder Klänge werden …

Kennen Sie Mussorgsky? Sicher: Die »Bilder einer Ausstellung« gehören zu den berühmtesten Klassik-Werken. Doch trotz dieser Bekanntheit muss man sich im Klaren darüber sein: Man kennt sie in erster Linie in einer (und nicht der einzigen) Orchesterbearbeitung. Mussorgsky schrieb den ziemlich eigenwillig geformten Zyklus 1874 als Klavierwerk. Fast ein halbes Jahrhundert später sorgte sein französischer Kollege Maurice Ravel für eine opulente, für seine Zeit hochmoderne Orchestrierung, die die »Bilder« erst populär machen sollte – auch bei Komponisten der elektronischen Musik sowie Rock- und Pop-Veteranen: Der Japaner Isao Tomita schuf eine berühmte Synthesizer-Bearbeitung, die englische Popgruppe Emerson Lake & Palmer brachte Mussorgsky auf die Rock-Bühne.

Das Werk ist eine Erinnerung an den mit Mussorgsky befreundeten Maler und Architekten Viktor Hartmann, der 1873 überraschend verstorben war. Es beschreibt den Gang durch eine Ausstellung mit deren Bildern, die es 1874 in Sankt Petersburg wirklich gegeben hat. Verbindendes Element zwischen den Stationen ist die marschartige sogenannte »Promenade«, in deren Variationen der Komponist die Gefühle des Ausstellungsbesuchers angesichts der Bilder beschreibt, die zum Teil sehr skurrile und abgründige Sujets haben – so etwa mit »Gnomus« einen hässlichen Zwerg oder mit »Bydlo« einen ächzenden Ochsenkarren, der sich durch die Weite Russlands kämpft. Außerdem gibt es Schilderungen der Märchenhexe Baba Yaga, eines lebhaften Marktes und tanzender Küken (Hartmanns Kostümentwürfe zu einem Ballett) oder eine Szene in den Katakomben von Rom, wo die Toten mit dem einsamen Besucher zu sprechen scheinen. Auch idyllische »Bilder« sind dabei, so etwa »Das alte Schloss«, in dem ein Minnesänger eine Weise anstimmt, die Ravel in seiner Bearbeitung von dem im klassischen Orchester eher selten anzutreffenden Saxofon »singen« lässt.

Die Hexe Baba Yaga, eine Gestalt aus der russischen Sagenwelt. In Mussorgskys Werk bewegt sie sich in einer laufenden Hütte mit Hühnerbeinen fort. Manchmal wird sie auch – wie hier – in einem Mörser fliegend dargestellt.

PETER TSCHAIKOWSKY (1840–1893)

62 Klavierkonzert Nr. 1 b-Moll op. 23 (1874)

Triumph im fernen Amerika

Es war ein Erlebnis, das Peter Tschaikowsky fast aus der Bahn geworfen hätte: Er war 35 Jahre alt, bereits ein recht erfolgreicher Orchesterkomponist – aber es fehlte noch ein Klavierkonzert in seinem Werkverzeichnis. Der Komponist, kein Klaviervirtuose, suchte daher für seinen Erstling auf diesem Gebiet Rat bei einem erfahrenen Kollegen: Nikolai Rubinstein, seines Zeichens Direktor des Moskauer Konservatoriums.

Am Weihnachtsabend des Jahres 1874 stellte Tschaikowsky ihm das Werk vor – und Rubinstein verdammte es vehement in Grund und Boden. Das Stück sei elend und ordinär, an manchen Stellen habe Tschaikowsky sogar Motive gestohlen. Fazit: Es müsse entweder radikal umgeschrieben oder vernichtet werden. Tschaikowsky war sprachlos vor Wut, verließ den Raum, änderte keine einzige Note – und fand zum Glück andere, die sich für ihn einsetzten. Hilfe kam von dem deutschen Dirigenten und Pianisten Hans von Bülow – ein Freund Richard Wagners und übrigens verwandt mit Vicco von Bülow, der als Humorist und Cartoonist unter dem Pseudonym »Loriot« berühmt wurde.

Tschaikowskys erstes Klavierkonzert erlebte seine Uraufführung in Boston. Trotzdem oder vielleicht gerade deshalb avancierte es sofort zu einem der bekanntesten Werke des Komponisten. Und das ist es bis heute geblieben. Besonders markant ist die von eindrucksvollen Hörnermotiven und Orchesterakkorden eingeleitete mitreißende Anfangsmelodie, die sofort vom Soloklavier übernommen wird. Entgegen den Erwartungen wird genau dieses besonders schöne Thema, dem übrigens ein ukrainisches Volkslied zugrunde liegen soll, dann fallen gelassen und erklingt im ganzen Stück nicht mehr. Vielleicht war dies ja auch einer der Regelverstöße, die Rubinstein angekreidet hat. Heute gehört das Werk zu den berühmtesten Klavierkonzerten überhaupt.

Der Dirigent und Pianist Hans von Bülow, der hier auf einer Fotografie um 1890 zu sehen ist, sorgte für die Uraufführung von Tschaikowskys erstem Klavierkonzert.

GEORGES BIZET (1838–1875)

63 — Carmen (1875)
Die Femme fatale aus Spanien

Sie ist ein erotischer Magnet, sie ist freiheitsliebend, sie besitzt eine nahezu selbstzerstörerische Triebhaftigkeit, sie ist skrupellos – und somit wohl das genaue Gegenteil der Damen, die sie erstmals als Opernpublikum am 3. März 1875 in Paris erleben durften. Die Rede ist von »Carmen«, der heißblütigen Spanierin – einer Fabrikarbeiterin, die dem Soldaten Don José dermaßen den Kopf verdreht, dass der sie schließlich in grenzenloser Verzweiflung vor der Mauer einer Stierkampfarena, in der das blutige Geschehen eine hochdramatische Parallelhandlung bildet, ersticht.

Mit seinem berühmtesten Werk hat Georges Bizet einer Stilrichtung ein Denkmal gesetzt, die sich in der gesamten französischen Musik des 19. und frühen 20. Jahrhunderts wiederfindet. Es ist der sogenannte »Hispanismo«, der noch in dem etwa 60 Jahre später entstandenen »Boléro« von Maurice Ravel nachhallt. Die spanische Musik mit den typischen Tanzrhythmen, mit den Anklängen an Gitarren, mit maurischen Melodiefloskeln, aber auch die wilde Landschaft, die großartige Geschichte und die uralten Sprachen – all dies war für die Künstler im angrenzenden Frankreich, die auf Exotisches aus waren, ein wunderbarer Fundus.

Bizet hat übrigens Spanien nie besucht. Um den folkloristischen Ton zu treffen, studierte er Noten spanischer Komponisten in der Bibliothek des Pariser Konservatoriums. Dabei kamen ihm auch Werke und Übertragungen Sebastián Iradiers in die Hände – Komponist des Liedes »La Paloma« und ab 1851 Gesangslehrer der französischen Kaiserin Eugénie. Von ihm soll sich Bizet die Melodie von Carmens »Habanera« geliehen haben. Sie ist neben dem berühmten Auftritt des Stierkämpfers Escamillo einer der bekanntesten Momente der Oper.

Bizet hat den Erfolg der »Carmen«, der sich erst nach der Uraufführung einstellte, nicht mehr miterlebt. Der Komponist starb nur drei Monate nach der Premiere.

Carmen – die »Femme fatale« der französischen Oper. Das Gemälde von Edouard Manet zeigt die Sängerin Emilie Ambre 1879 in der berühmten Rolle.

FRIEDRICH SMETANA (1824–1884)

64 Die Moldau (1875)
Mehr als klingende Gewässerkunde

Vielen mag Friedrich Smetanas Sinfonische Dichtung »Die Moldau« als Inbegriff einer harmlosen musikalischen Landschaftsbeschreibung erscheinen: Von zwei Quellen gespeist, fließt der Fluss – wie Hörnermotive vermelden – an einer Jagd, dann an den Polkaklängen einer Bauernhochzeit vorbei. Es folgt nächtlicher Nixenreigen mit im Dunkel liegenden Burgruinen. Nach dem Tagesanbruch absolviert der Fluss die dramatischen Kaskaden der Stromschnellen bei Sankt Johann. Schließlich endet alles in Prag – der Goldenen Stadt. Doch Smetana hat mit diesem Teil seines insgesamt aus sechs Tondichtungen bestehenden Zyklus »Mein Vaterland« auch die böhmische Geschichte geschildert, deren Unabhängigkeit (zu seiner Zeit gehörte Böhmen zum Habsburgerreich) nur durch Kampf zu erreichen war. So kann man die in der Nachtszene durch leise Fanfaren gezeichneten Burgen als die im Dunkeln liegende Vergangenheit deuten. Die dramatischen Stromschnellen wären dann der Kampf, nach dessen Bestehen es auf die Goldene Stadt zugeht. Dass sie am Ende des Werkes steht und nicht die Mündung der Donau in die Elbe, zeigt: Das Orchesterwerk ist mehr als klingende Geografie.

Ähnlich wie Beethoven litt auch Smetana an Taubheit. Schon mit 50 Jahren suchte sie ihn heim. Erst danach begann er mit seinem von einer großen Instrumentationskunst geprägten böhmischen Zyklus, den er somit nie selbst gehört hat. Smetana hat sich als Nationalkomponist seiner Heimat auch als Opernmeister einen Namen gemacht: 1866 gelang ihm der große Durchbruch als Verfechter einer eigenständigen tschechischen Musik mit der von Volksmelodien und besonders von typischen böhmischen Tänzen geprägten Oper »Die verkaufte Braut«. Nach wie vor ist Smetanas Landsleuten die politische Tragweite des Vaterland-Zyklus bewusst. Er erklingt alljährlich am 12. Mai, dem Todestag des Komponisten, zur Eröffnung des Prager Frühlingsfestes.

Kein anderer Fluss hat so erfolgreich Musikgeschichte geschrieben wie die Moldau.

RICHARD WAGNER (1813–1883)

65 Der Ring des Nibelungen
(1876)
Vier Opern für den »Grünen Hügel«

Ohne Wagner würde man Bayreuth in kultureller Hinsicht wohl nur mit dem hier verstorbenen Schriftsteller Jean Paul in Verbindung bringen. Doch seit der Komponist 1876 auf dem »Grünen Hügel« sein selbst entworfenes Opernhaus einweihte, ist die Stadt ein Mekka für eine bestimmte Spezies der Klassik-Fans: die »Wagnerianer«. Akustik, technische Möglichkeiten (etwa die, das Orchester im Graben vollkommen verschwinden zu lassen) – alles hat Wagner darauf zugeschnitten, seinen lange geplanten Opernzyklus »Der Ring des Nibelungen« zu verwirklichen. Ermöglicht hatte das ein reicher Mäzen: König Ludwig II., bekannt wegen seiner Märchenschlösser, war Wagner-Fan der ersten Stunde. Wagners Engagement in der deutschen Revolution von 1848 verzieh er dem Musiker, der den alten Adelshass dann auch ad acta legte.

Der »Ring« (er besteht aus »Das Rheingold«, »Die Walküre«, »Siegfried« und »Götterdämmerung«) basiert auf der verzweigten Sagenwelt des »Nibelungenliedes« mit Motiven wie Siegfrieds Kampf mit dem Drachen mit seinem selbst geschmiedeten Schwert und seiner Unverwundbarkeit durch das Bad im Drachenblut. Handlung, Dichtung, szenische Darstellung und Musik verschmelzen hier so konsequent zu Wagners Idee des »Gesamtkunstwerks«, dass das Datum der ersten Bayreuth-Festspiele einen Wendepunkt der Operngeschichte darstellt. Einzelne Abschnitte haben es zu Klassik-Hits gebracht – etwa der »Walkürenritt«, der im Film »Apocalypse Now« erklingt. Die auf Rössern fliegenden Wotan-Töchter werden so zu Kampfhubschraubern im Vietnamkrieg uminterpretiert. Um den musikalischen Zusammenhang nicht zu verlieren, stattete Wagner Personen, bedeutende Gegenstände, Orte und Handlungszusammenhänge mit sogenannten »Leitmotiven« aus – was Antiwagnerianer dazu brachte, die Opern als »gigantisches musikalisches Adressbuch« zu verspotten.

Der »grüne Hügel«, wie die Erhebung des Festspielhauses in Bayreuth auch genannt wird, einmal ganz bunt. Richard Wagner entwarf das Opernhaus persönlich nach seinen künstlerischen Vorstellungen.

JOHANNES BRAHMS (1833–1897)

66 Sinfonie Nr. 1 (1876)
»Beethovens Zehnte«?

1827 starb Ludwig van Beethoven – und mit ihm ein Komponist, der die Möglichkeiten der Musik so revolutionär weiterentwickelt hatte wie kaum jemand vor ihm. Als er in seiner letzten, der neunten Sinfonie solistische Singstimmen und einen Chor zum Orchester hinzufügte und damit die Gattung endgültig sprengte, hinterließ das bei späteren Generationen verschüchterte Ratlosigkeit.

So zum Beispiel bei Johannes Brahms. Er hatte im März 1854 in Köln zum ersten Mal Beethovens Neunte gehört. Voller Enthusiasmus machte er sich an eigene Ansätze – um dann erst einmal resigniert die Waffen zu strecken. »Ich werde nie eine Sinfonie komponieren!«, erklärte er einem befreundeten Dirigenten. »Du hast keinen Begriff davon, wie es unsereinem zumute ist, wenn er immer so einen Riesen hinter sich marschieren hört.«

Dieser »Riese« war natürlich Beethoven. Als der Ausruf fiel, schrieb man bereits die 70er Jahre. 1876, nach 14 Jahren Arbeit, stellte Brahms sein erstes Werk der prominenten Orchestergattung (von insgesamt vieren) dann doch noch fertig.

Selbstkritik war typisch für den zurückhaltenden, aus Hamburg stammenden Brahms, der nicht nur als Komponist, sondern auch als Pianist und Herausgeber älterer Musik (etwa der von Johann Sebastian Bach) tätig war. Akribisch vernichtete er Skizzenmaterial, um der Nachwelt nichts auch nur im Mindesten Unvollkommenes zu hinterlassen. Als Lehrer einiger weniger Kompositionsstudenten zeigte er legendäre Strenge.

Brahms' erste Sinfonie erlebte am 4. November 1876 in Karlsruhe ihre Uraufführung. Als man sie knapp sechs Wochen später noch einmal in Wien spielte, stellte man sogleich den Bezug zu Beethoven her und kürte den Komponisten zum Nachfolger des großen Klassikers, weshalb das Werk bald den Spitznamen »Beethovens Zehnte« weghatte. Bereits 1872 hatte sich Brahms in der Donaumetropole niedergelassen.

Das Grab von Johannes Brahms auf dem Wiener Zentralfriedhof.

ANTON BRUCKNER (1824–1896)

67 _ Sinfonie Nr. 4 (1881)
Sonderling und Spätentwickler

Es ist sicher nicht übertrieben, Anton Bruckner als Sonderling unter den klassischen Komponisten zu bezeichnen. Ihn prägten eine selbst für seine Zeit äußerst starke Religiosität, Menschenscheu und extreme Unterwürfigkeit vor Autoritäten, verbunden mit Naivität. So hat er einmal den österreichischen Kaiser persönlich um Schutz vor seinen Wiener Kritikern gebeten. Ebenfalls typisch für ihn: Er war ein Spätentwickler.

In dem Alter, in dem zum Beispiel Mozart nach Vollendung eines Riesenwerks bereits gestorben war – mit 35 Jahren –, hatte Bruckner noch nichts von seinem sinfonischen Œuvre vollendet. Sein Weg ging erst einmal vom Schulgehilfen im oberösterreichischen Ansfelden bei Linz bis zur Anstellung als Musiklehrer und Organist. Auf der Orgel galt er jedoch als Improvisationstalent. Als er schließlich in Linz eine eigene Messe zur Uraufführung brachte, wurde man auf ihn auch als Komponisten aufmerksam. Bruckner war damals bereits 40 Jahre alt. Das Kompositionshandwerk hatte er sich in extremer Gründlichkeit angeeignet – per Fernkurs bei einem Wiener Lehrer. Aufgaben und Lösungen gingen brieflich hin und her.

Seine vierte Sinfonie (der noch vier folgen sollten, seine neunte blieb ein Torso) vollendete Bruckner in erster Fassung 1874. Wie alle seine sinfonischen Werke, deren monumentale Anlagen mit der Pracht neogotischer Kathedralen verglichen wurden, unterzog er sie vielen Überarbeitungen – ausgelöst auch durch die Kritik von Kollegen. Innerhalb von Bruckners Werk gilt sie als die berühmteste, vielleicht wegen ihres Beinamens »Romantische«, der vom Komponisten selbst stammt.

Bruckner hat ein erklärendes Programm verfasst, dem man als Hörer-Neuling folgen kann: Diesem zufolge schildert die Sinfonie unter anderem eine Szene um eine mittelalterliche Stadt, von deren Türmen Weckrufe erklingen, der Hörer erlebt »Waldesrauschen, Vogelsang«, eine Jagd und ein Volksfest.

In der Stiftsbasilika des Augustiner-Chorherrenstifts St. Florian in Oberösterreich ließ sich Anton Bruckner oft als Organist hören.

CAMILLE SAINT-SAËNS (1835–1921)

68 Der Karneval der Tiere
(1886)
Zoologische Feier im Verborgenen

Wahrscheinlich wäre Camille Saint-Saëns gar nicht begeistert gewesen, hätte er den Erfolg seiner 14-sätzigen »Zoologischen Fantasie« mit dem Titel »Der Karneval der Tiere« noch miterlebt. Er selbst nahm das Werk nicht ernst genug, um es öffentlich spielen zu lassen. Es erklang zu Lebzeiten des Komponisten vollständig nur ein einziges Mal – bei einem Hauskonzert. Saint-Saëns sah sich als ernsthaften Musiker, und dieses Image pflegte er unter anderem mit seinen Sinfonien, seinen Klavierkonzerten und seinen 13 Opern, von denen »Samson und Dalila« die berühmteste wurde.

Begonnen hatte er mit der Musik früh – als Wunderkind, das er auch auf anderen Gebieten war. Angeblich konnte er nicht nur mit zwei Jahren schon Klavier spielen. Er lernte bereits mit sieben Latein und beschäftigte sich wenig später mit Mathematik und Archäologie. Während andere Kinder mit Bauklötzen spielten, schrieb er formvollendete Gedichte und Theaterstücke nach den Regeln der antiken Klassiker. Doch zeigt sich in seinen Werken auch Humor – augenzwinkernd etwa in der pittoresken Tondichtung »Danse macabre«, einer nächtlichen Friedhofsszene mit Spukelementen. Beim »Karneval der Tiere« jedoch geht es um handfeste Karikatur: Klavier und ein klein besetztes Orchester zeichnen spöttische Bilder der Fauna vom Löwen bis zum Esel, vom Kuckuck bis zur Schildkröte, die der Komponist in schleichender Langsamkeit den berühmten »Cancan« von Jacques Offenbach tanzen lässt. Auch die zur Virtuosität abgerichteten »Pianisten« werden als Tiere betrachtet, außerdem – ganz kurios – tauchen »Fossilien« auf. »Der Schwan« (Satz 13) – ein ausdrucksvolles Cellosolo – hat für sich allein Karriere gemacht, nicht zuletzt als Grundlage für die Tanzszene »Der sterbende Schwan«, mit der die Primaballerina Anna Pawlowa berühmt wurde. Bei der Premiere 1905 schaffte es wenigstens dieses Stück aus dem »Karneval« in die Öffentlichkeit.

Die Tänzerin Anna Pawlowa machte den »Schwan« aus dem »Karneval der Tiere« als Ballettmusik bekannt.

EDVARD GRIEG (1843-1907)

69 Morgenstimmung (1888)
Berühmtester Tagesanbruch der Musikgeschichte

Eine nordische Landschaft mit tiefblauem Meer, weiten Fjorden und schroffem Gebirge voller Erhabenheit und Weite. Diesen Eindruck vermittelt das berühmteste Stück des norwegischen Komponisten Edvard Grieg: seine »Morgenstimmung« aus der Musik zum Schauspiel »Peer Gynt«. Nur wenigen Hörerinnen und Hörern dieses Klassik-Hits ist klar, wie falsch sie mit dieser landschaftlichen Assoziation liegen.

Sicher, Edvard Grieg gehört zu den berühmtesten Vertretern der norwegischen nationalen Schule – typisch für eine Zeit, in der die Nationalstaaten entstanden und die Komponisten allenthalben die Reservoire der Volksmusik für sich entdeckten. Vor allem in seinen Klavierwerken, die er »Lyrische Stücke« nannte, lehnte sich Grieg an norwegische Lieder und Tänze an.

Da seine Heimat in der Mitte des 19. Jahrhunderts abseits der großen Musikmetropolen lag, ging der Komponist in jungen Jahren zum Studium an das Konservatorium nach Leipzig, um dort die entscheidenden musikalischen Strömungen der Zeit kennenzulernen. Bei einem Rom-Aufenthalt in den Jahren 1865 und 1866 machte er Bekanntschaft mit dem norwegischen Dichter Henrik Ibsen, mit dem er auch eine enge Freundschaft pflegte.

Zehn Jahre später bat Ibsen Grieg, Musik für sein Schauspiel »Peer Gynt« zu komponieren, das 1876 seine Uraufführung erlebte. Der Titelheld ist ein um die Welt reisender Herumtreiber, der phantastische Abenteuer erlebt, bevor er nach Norwegen zurückkehrt. Die einzelnen Stationen der Handlung gaben Grieg Gelegenheit für sehr illustrative Stücke, die er in zwei Suiten für den Konzertsaal bearbeitete. Die berühmte »Morgenstimmung«, der erste Satz der Suite Nr. 1, erklingt in einer Situation, in der Peer Gynt als reicher Sklavenhändler in Afrika weilt. Und so beschreibt das Stück gar keinen nordischen Tagesanbruch, sondern das Erwachen der ersten Sonnenstrahlen – in der Sahara.

Edvard Griegs Haus »Troldhaugen« in der Nähe der norwegischen Stadt Bergen.

NIKOLAI RIMSKI-KORSAKOW (1844–1908)

70 Scheherazade op. 35 (1888)
Sie erzählte um ihr Leben

Wie in vielen anderen Ländern setzte man auch in Russland im 19. Jahrhundert auf eine »nationale Schule« – nutzte also Einflüsse der Volksmusik des eigenen Landes, arbeitete an einer eigenen »Stimme«. In Moskau und Sankt Petersburg bildete eine Komponistengruppe die sogenannten »Russischen Fünf« – darunter unter anderem Modest Mussorgsky, aber auch Nikolai Rimski-Korsakow, seit 1871 Professor am Sankt Petersburger Konservatorium. Zu seinen berühmtesten Schülern zählten bedeutende Vertreter der Frühmoderne wie Sergej Prokofjew oder Igor Strawinsky. Neben dem hochvirtuosen »Hummelflug« ist die Tondichtung »Scheherazade« Rimski-Korsakows berühmtestes Werk – doch gerade dieses bezieht sich nicht auf das russische Erbe, sondern auf die legendären orientalischen »Erzählungen aus 1001 Nacht«.

Der Sultan hat an der Wesirstochter Scheherazade Gefallen gefunden. Da der Herrscher die Angewohnheit hat, seine Gespielinnen nach einer Nacht töten zu lassen, erzählt Scheherazade Geschichten – und bricht im Morgengrauen regelmäßig an der spannendsten Stelle ab, sodass der Sultan seinen tödlichen Plan immer wieder aufschieben muss, um das Ende zu erfahren – das ihm jedoch weiter vorenthalten wird.

In der Tondichtung übernimmt eine Solovioline die ein- und überleitende Rolle der Erzählerin, die in scheinbaren Improvisationen in ihre Themen findet. Rimski-Korsakow hat die Geschichten selbst nur in Überschriften angedeutet. Er wollte nicht, dass sein Publikum an einem Text »entlanghören« muss. Sie lauten »Das Meer und Sindbads Schiff«, »Die Geschichte des Prinzen Kalender«, »Der junge Prinz und die junge Prinzessin«, »Das Fest in Bagdad – Das Meer – Das Schiff zerschellt am Magnetberg – Finale«. Ihm habe eine »kaleidoskopartige Folge von Märchenbildern« vorgeschwebt, schrieb der Komponist zu seinem Werk, das bei der Uraufführung 1888 in Sankt Petersburg große Triumphe feierte.

Die legendäre Erzählerin Scheherazade.

ERIK SATIE (1866–1925)

71__3 Gymnopédies (1888)
Der einsame Meister aus dem »Chat Noir«

Lange Zeit konnte man sicher sein: Brauchte ein Dokumentarfilmer oder ein Fernsehjournalist eine ruhige Musik als Untermalung zu Naturaufnahmen oder einer Reportage über eine Kunstausstellung, so griff er gerne zu den »Gymnopädien« oder den »Gnossiennes« des französischen Komponisten Erik Satie. Mittlerweile hat es sich etwas abgenutzt und kommt seltener vor, doch das tut der Beliebtheit dieser meditativen, wie aus der Zeit gefallenen Stücke keinen Abbruch.

Sie sind Werke eines der radikalsten musikalischen Außenseiter. Wegen Faulheit musste Satie das Pariser Konservatorium verlassen. Er schlug sich als Pianist in Kaffeehäusern durch und blieb im Wesentlichen Autodidakt. 1888 fand er eine Stelle als Kapellmeister im berühmten, durch die Bilder von Toulouse-Lautrec heute noch bekannten Cabaret »Chat Noir«.

Während die studierten Kollegen spätromantische oder frühimpressionistische Klangbäder schufen, verspottete Satie den offiziellen Musikbildungs- und Konzertapparat mit Werken, die so etwas wie ein musikalisches Pendant zum Dadaismus darstellen. Als die Kritik zum Beispiel anmerkte, seine Arbeiten seien »formlos«, reagierte Satie 1903 mit den »Trois morceaux en forme de poire« (»Drei Stücke in Form einer Birne«; die Noten sind im Originalmanuskript nach der Silhouette der Frucht angeordnet). Mit »Vexations« schrieb er ein Klavierstück, das nur eine Notenseite füllt, deren Inhalt jedoch 840 Mal wiederholt werden soll und das daher etwa 19 Stunden dauert. Die akademische Erhebung der alten Meister zu ewig gültigen Vorbildern nahm er mit der 1917 entstandenen »Sonatine bureaucratique« (»Bürokratische Sonatine«) aufs Korn. Gleichzeitig pflegte er auch eine eigenartige spirituelle Seite. So sympathisierte Satie mit dem okkulten Rosenkreuzerorden. Die »Gymnopédies« und »Gnossiennes« sollen eine Art phantasierte musikalische Antike heraufbeschwören.

Der Komponist Erik Satie auf einem Gemälde von Suzanne Valadon aus dem Jahre 1893.

CLAUDE DEBUSSY (1862-1918)

72 Clair de Lune aus der Suite bergamasque (1890)
Ein Klavier in der Nacht

Die Welt im Mondschein: Diese romantische Szenerie findet sich in vielen klassischen Werken – zum Beispiel in Liedern nach Gedichten, in denen es um die poetische Wirkung des Erdtrabanten geht, aber auch in der sogenannten »Mondscheinsonate« von Ludwig van Beethoven, deren Beiname jedoch nicht vom Komponisten selbst stammt.

Ganz anders im Klavierstück »Clair de Lune« (»Mondschein«) von Claude Debussy. Das Werk, das für sich allein eine große Karriere als Chill-out-Klassiker und als Zugabenstück aufzuweisen hat, ist eigentlich Teil einer mehrsätzigen Komposition: der »Suite bergamasque«, die Debussy 1890 schrieb, aber erst 1905 veröffentlichte, und in der er seinen typischen Stil erstmals in einem größeren Klavierwerk ausprägte.

Debussy wuchs in der Epoche eines Wagner und Brahms auf und war zwei Jahre älter als der letzte große Romantiker Richard Strauss. Dass Debussys Musik trotzdem moderner als die der Kollegen wirkt, liegt daran, dass er die alten Regeln der Akkordbildung und der Bezüge zwischen Klängen über Bord warf. Bei ihm wird die Harmonik durch raffinierte Klangballungen zur Farbe. Melodien »verschwimmen«, seine Musik beschwört neben akustischen auch optische Eindrücke herauf. Genau dafür bietet eine Landschaft im Mondschein natürlich die richtige Vorlage: Von aller Erdenschwere befreit, schwimmt die Melodie scheinbar ziellos durch Licht und Schatten der imaginären Welt, wandert in Wellen, löst sich in eine ernste Akkordstrecke auf, um wie ein Traum zu entschwinden. Tatsächlich hat sich Debussy bei diesem Werk von Poesie anregen lassen. Der Suitentitel bezieht sich auf das Wortspiel »Masques et bergamasques« aus einem Gedicht von Paul Verlaine. Es ist eine Anspielung auf die Maskerade im Theater, aber auch auf die Landschaft um Bergamo, die sich Debussy bei der Komposition vielleicht auch vorgestellt hat.

Magisches Mondlicht. Claude Debussy fing es in einem Klavierstück ein.

PETER TSCHAIKOWSKY (1840–1893)

73__Nussknacker-Suite (1892)
Weihnachtsmärchen als Ballett

»Nussknacker und Mausekönig« heißt eine Geschichte des deutschen Romantikers E. T. A. Hoffmann, die im 19. Jahrhundert dank einer Bearbeitung des Franzosen Alexandre Dumas auch in Russland sehr beliebt war. Peter Tschaikowsky zählte zu den großen Bewunderern Hoffmanns, und als er dem Choreografen Marius Petipa von dem Stoff erzählte, kam der Plan für ein Ballett dabei heraus, das zu den beliebtesten Werken Tschaikowskys werden sollte. Ballette nach märchenhaften Stoffen spielen im Schaffen des Komponisten ohnehin eine große Rolle: »Schwanensee« oder »Dornröschen« gelten als Genre-Klassiker.

Die »Nussknacker«-Handlung spielt am Weihnachtsabend. Alles schläft im noblen Hause des Präsidenten Silberhaus. Doch die kleine Tochter Klara wird um Mitternacht von seltsamen Geräuschen geweckt. Im Salon sind Spielzeuge zum Leben erwacht: Der Nussknacker kämpft mit einer Armee Soldaten gegen den Mausekönig und seine Truppen. Nach dem Sieg verwandelt sich der Nussknacker in einen Prinzen, und zum Abschluss gibt es ein großes Fest, an dem die lebendig gewordenen Süßigkeiten teilnehmen – für Tschaikowsky Gelegenheit für eine bunte Mischung verschiedenster Charaktertänze.

Die Konzertsuite, die er nach der Ballettpremiere 1892 zusammenstellte, besteht neben der Ouvertüre aus diesen Tänzen, von denen mindestens einer Musikgeschichte geschrieben hat. Es ist der »Tanz der Zuckerfee«, in dem Tschaikowsky die glockenartige »Celesta« einsetzt – ein Instrument, bei dem über eine Klaviertastatur Metallstäbe angeschlagen werden. Er war einer der ersten Komponisten überhaupt, die diesen silbrig-überirdischen Klang nutzten. Schon ein Jahr zuvor hatte er die Celesta in dem Orchesterwerk »Der Wojewode« mitspielen lassen. Dort war sie jedoch nur ein verhältnismäßig kleiner Farbtupfer. Hier, im »Tanz der Zuckerfee«, gibt er ihr den Raum eines virtuosen Soloinstruments.

Szene aus Tschaikowskys Ballett »Der Nussknacker«. Iana Salenko und Marian Walter tanzen 2013 in der Deutschen Oper Berlin.

PETER TSCHAIKOWSKY (1840–1893)

74 Sinfonie Nr. 6 h-Moll op. 74 »Pathétique« (1893)
Abgesang mit Geheimnissen

1877 ereignete sich ein tief greifender Einschnitt in Tschaikowskys Leben: Der Komponist heiratete eine junge Verehrerin. Die Ehe führte innerhalb eines Monats zu seinem völligen Zusammenbruch und hatte einen Selbstmordversuch zur Folge. Tschaikowsky war homosexuell und litt an einer hochgradigen Angst vor Frauen. Er sah seine Ehefrau nie wieder, mied das andere Geschlecht, so gut es ging. Trotzdem sollte er eine tiefe Freundschaft mit einer Frau eingehen. Es war die reiche Industriellenwitwe Nadeshda von Meck, die Tschaikowskys Musik sehr schätzte und ihm durch eine Rente finanzielle Unabhängigkeit verschaffte. Tschaikowsky stellte eine Bedingung: Sie trafen sich nie, schrieben aber viele Briefe, die heute eine bedeutende Quelle zum Leben und Schaffen des Komponisten darstellen. Zu Tschaikowskys Zeit lebten Homosexuelle unter dem Damoklesschwert gesellschaftlicher Ächtung und juristischer Verfolgung. Viele lesen aus der extrem emotionalen Musik des russischen Romantikers die Verzweiflung über das aufgezwungene Doppelleben heraus. Besonders Tschaikowskys sechste und letzte Sinfonie mit dem Beinamen »Pathétique« (»Ergreifende«) ist dafür typisch. Ganz anders als romantische Sinfonien sonst schließt sie nicht mit einem triumphalen Finale, sondern mit einem lamentoartigen, langsamen Satz, der das Publikum bei der Uraufführung im Oktober 1893 ratlos zurückließ.

Tschaikowsky starb kurz nach der Premiere überraschend. Bis heute ist nicht geklärt, ob es sich um einen Selbstmord handelte. Er selbst hatte schon Jahre zuvor angedeutet, dass seine sechste Sinfonie den Abschluss seines Schaffens darstellen sollte. Während der Arbeit an dem Werk erwähnte er in Briefen eine versteckte Bedeutung der Komposition, die »aber für alle ein Rätsel bleiben soll«. Ein choralartiger Abschnitt in den Posaunen im letzten Satz erinnert viele Hörer an eine Totenmesse.

Peter Tschaikowsky auf einem Gemälde von Nikolai Dmitrijewitsch Kusnezow aus dem Jahre 1893.

ANTONÍN DVOŘÁK (1841–1904)

75 Sinfonie »Aus der Neuen Welt« (1893)

Ein Böhme in New York

Die Weite der Prärien, die Schroffheit der Gebirge, das Dunkel riesiger, von Seen durchsetzter Wälder … Die landschaftlichen Reize Nordamerikas sind enorm, aber bis weit ins 19. Jahrhundert hinein fehlte es an einem Komponisten, der in der Lage war, dieses Lokalkolorit auch musikalisch umzusetzen. »Amerikanische Klassik« gab es nicht, ein Gershwin oder Bernstein war noch nicht geboren. Es war die vermögende Mäzenin Jeannette Thurber, die das ändern wollte. Und zwar in erster Linie, indem sie Orte für ein lebendiges Musikleben schuf – unter anderem die bis heute bestehende Metropolitan Opera in New York und 1885 das New Yorker Musikkonservatorium. Den Direktor dieser Institution suchte man in Europa – und man kam auf den in der Nähe von Prag geborenen Böhmen Antonín Dvořák. Der hatte sich nach harten Anfängen als Orchestermusiker nach und nach mit seinen Werken internationalen Ruf erarbeitet, und als er 1892 – mit 51 Jahren – nach Amerika ging, erwartete man von ihm nicht nur die Konservatoriumsleitung, sondern auch amerikanische Musik. Die finanziellen Lockungen dieses Angebots waren immens.

Ähnlich wie seinen Kollegen Friedrich Smetana hatte Dvořák davor die Volksmusik seiner böhmischen Heimat inspiriert. Jetzt entdeckte er die Klänge des nordamerikanischen Kontinents. Er bereiste das Land, lauschte Volksliedern und legte sie seiner Sinfonie Nr. 9 zugrunde, der »Sinfonie aus der Neuen Welt«.

Oder doch nicht? Die Forscher streiten darum, ob nicht doch mehr »Böhmisches« als »Amerikanisches« in dem Werk steckt, das allerdings recht deutlich im ersten Satz das Spiritual »Swing Low, Sweet Chariot« zu zitieren scheint. Berühmt ist der langsame Satz, das Largo, mit seinem Solo des bis dahin recht selten gebrauchten Englischhorns. Gerade dieser Teil gilt vielen als besonders eindrucksvolle musikalische Beschreibung endloser Prärielandschaften.

Die »Sinfonie aus der Neuen Welt« beschwört Bilder von den Weiten amerikanischer Landschaften herauf.

JULES MASSENET (1842–1912)

76 Méditation aus der Oper Thaïs (1894)
Klänge der Läuterung

Eine der berühmtesten Opernmelodien wird gar nicht gesungen. Sie erklingt, von einer Violine gespielt, aus dem Orchestergraben – und das bei geschlossenem Vorhang. Es ist die »Méditation« aus der Oper »Thaïs« von Jules Massenet. Aus einer Offiziersfamilie stammend, kam er schon als Kind an das Pariser Musikkonservatorium, wo er Schüler von Charles Gounod wurde – und in der französischen Operngeschichte von diesem sozusagen den Staffelstab übernahm. Massenet war einer der wenigen französischen Anhänger der deutschen Avantgarde-Musik seiner Zeit – also der zweiten Hälfte des 19. Jahrhunderts.

Im Nachbarland sorgten die sogenannte »Neudeutsche Schule« um Franz Liszt und auf dem Gebiet der Oper vor allem Richard Wagner für Furore. Deutschland und Frankreich waren zu dieser Zeit politische Feinde. Musikrichtungen waren auch Bekenntnisse einer nationalen Zugehörigkeit. So war Massenets Einsatz von einem gewissen Mut geprägt. Dass er 1892 eine Oper nach Goethes berühmtem Roman »Werther« – und damit typisch deutsches Kulturgut – auf die Bühne brachte, wurde seltsamerweise nicht in Frankreich, sondern von der anderen Seite aus kritisiert. Massenet galt rechts des Rheins als schwülstig, sentimental, sogar kitschig. Dieses Urteil traf auch die »Méditation« aus »Thaïs« – eine der typischen Massenet-Melodien.

Die 1894 uraufgeführte Oper handelt von einer antiken Hetäre, also einer Kurtisane, die aber schließlich allem Irdischen entsagt und ins Kloster geht. Die »Méditation« schildert genau in der Mitte des Werkes die entscheidende Wandlung der Heldin, die sich ihres sündigen Lebens bewusst wird. Bis sie, mit himmlischen Visionen belohnt, im Kloster ihr Leben aushaucht, verfolgt das Publikum die weihevolle Handlung noch über anderthalb Opernakte.

Auch an der Côte d'Azur hat Jules Massenet Spuren hinterlassen. Diese Büste findet sich an der Westfassade der Oper von Monte Carlo.

RICHARD STRAUSS (1864-1949)

77 Also sprach Zarathustra op. 30 (1896)
Sinfonische Philosophievorlesung

Viele halten ja die ersten 90 Sekunden, den »Sonnenaufgang« der Tondichtung »Also sprach Zarathustra«, für ein in sich abgeschlossenes Stück. Dabei handelt es sich bei der gewaltigen Fanfare mit den ungeduldig dreinschlagenden Paukenklängen und dem krönenden Orgelakkord nur um den Beginn eines mehr als halbstündigen Orchesterwerkes. Wie bei so vielen Klassik-Werken sorgte auch hier die Verwendung in einem Film für größte Bekanntheit – in diesem Fall in »2001: Odyssee im Weltraum« aus dem Jahre 1968.

Den zu Beginn dargestellten Sonnenaufgang hat der Philosoph Friedrich Nietzsche auch tatsächlich an den Anfang seines Textes gestellt, der mit seiner Religionskritik und der in lyrischen Gleichnissen heraufbeschworenen Aufbruchstimmung Ende des 19. Jahrhunderts gerade bei der jüngeren Generation äußerst populär war. Strauss komponierte das Werk genau auf dem Höhepunkt dieser »Zarathustra«-Begeisterung, im Jahre 1896, nachdem er bereits mit mehreren Tondichtungen erfolgreich gewesen war – unter anderem mit einer musikalischen Nacherzählung von »Till Eulenspiegels lustigen Streichen«. Weitere sollten folgen – etwa »Ein Heldenleben«, die »Sinfonia domestica« (hier beschrieb der Komponist sein eigenes Familienleben) oder das fast einstündige Naturgemälde der »Alpensinfonie«.

Die Gattung der Tondichtung war für Strauss neben der Oper die zweite Schiene, die ihn zu einem der erfolgreichsten Komponisten seiner Zeit machte. Der Sohn eines Münchner Hornisten zeigte schon in frühester Jugend sehr große musikalische Begabung. Sein erstes Werk konnte er schon mit zwölf Jahren veröffentlichen. Durch seine Doppelkarriere als Komponist und Dirigent brachte er es zu immensem Reichtum. Mit den Nationalsozialisten arrangierte er sich. Er starb vier Jahre nach Kriegsende als letzter deutscher Romantiker – das zerstörte Deutschland vor Augen.

Der Philosoph Friedrich Nietzsche, dessen Schrift »Also sprach Zarathustra« Richard Strauss inspirierte.

EDWARD ELGAR (1857–1934)

78 Enigma-Variationen op. 36 (1899)
Britisches Musik-Mystery

Jedes Jahr wenn der Sommer zu Ende geht, erlebt London eines der außergewöhnlichsten Klassik-Konzerte der Welt: die »Last Night of the Proms« in der Royal Albert Hall, die jeweils letzte Veranstaltung der sogenannten »Promenadenkonzerte«, die an der Themse eine lange Tradition haben. Die »Last Night«, übrigens auch ein TV-Event, unterhält nicht nur durch eine Fülle verrückter Rituale, in denen der übliche Klassik-Ernst außen vor bleibt – sie begeistert auch wegen bestimmter Programmkonstanten. Eine davon ist der Festmarsch »Pomp and Circumstance No. 1« von Edward Elgar. Der getragene Mittelteil, der vielen als inoffizielle britische Nationalhymne gilt, ist der Moment, in dem das Publikum jedes Mal begeistert mitsingt.

Elgar wird als »Retter der englischen Musik« bezeichnet, denn nach dem frühen englischen Barockmeister Henry Purcell kamen die führenden Persönlichkeiten der Tonkunst auf der Insel durchweg vom Kontinent. Elgar holte also einiges nach, als er seine Sinfonien, Konzerte, Kammermusik und Chorwerke auf die Podien und Bühnen brachte. In einem seiner Orchesterwerke hat er Zeitgenossen und der Nachwelt ein Rätsel hinterlassen. Es sind die Variationen op. 36 von 1899, die »Enigma Variations« (»Rätselvariationen«). Elgar stellt dem Werk ein eigenes Thema voran, das er in jedem folgenden Abschnitt verändert. Das »Rätsel« besteht nun darin, dass der Komponist nach eigenen Angaben in jeder der 14 Variationen eine Person aus seinem Bekanntenkreis porträtierte und man lange nicht wusste, wer in welcher Passage gemeint war. Aber das ist noch nicht alles: Dem Werk soll ein zweites Thema zugrunde liegen, dessen Bestandteile sich kaleidoskopartig über die halbe Stunde Spieldauer verteilen und das man bis heute nicht gefunden hat. Zu großer Popularität brachte es die Variation Nr. 9 (»Nimrod«), die den Elgar-Freund und Musikverleger August Jaeger porträtiert.

Statue des Komponisten Edward Elgar im Garten seines Geburtshauses in englischen Broadheath bei Worcester.

JEAN SIBELIUS (1865-1957)

79 Finlandia op. 26 (1899)
Politisch brisante Tondichtung

Die Weite der skandinavischen Landschaften, die eigentümliche Stimmung, das ganz besondere nordische Licht, die typischen Bilder von Seen und Wäldern – all dies findet man in der Musik von Jean Sibelius, der als der finnische Nationalkomponist gilt. Eigentlich aus einer schwedischsprachigen Familie aus Finnland stammend, begann sich Sibelius erst für sein Heimatland zu interessieren, als er seine spätere Frau kennenlernte. Die Hinwendung zu nationalen Themen liegt in der wechselvollen Geschichte des Landes begründet: Die russische Fremdherrschaft zusammen mit dem Verbot, die finnische Sprache zu sprechen, prägte das 19. Jahrhundert.

Sibelius studierte in Berlin. Als er zurückkehrte, wurde er Lehrer in Helsinki. Im Zentrum seines Schaffens stehen seine sieben Sinfonien, sein Violinkonzert und weitere, von finnischer Geschichte und der Sagenwelt inspirierte Werke. Den Auftakt zu seiner Komponistenkarriere bildete die 1899 komponierte Tondichtung »Finlandia«, in der sich das Nationalbewusstsein, das Sibelius' Werke bestimmt, bündelt.

Das Stück war von Anfang an als klingender Protest gegen die russische Unterdrückung gedacht und wurde dementsprechend auch auf den Index gesetzt. Trotzdem gelang es Sibelius und seinem Kreis, noch im Jahr der Vollendung die Uraufführung zu organisieren – auf einer Veranstaltung unter dem unverdächtigen Decknamen »Feste für den Pensionsfonds der Journalisten«. »Finlandia« fungierte dabei als furioses Abschlusswerk anstelle einer offiziellen Nationalhymne. Die Botschaft wurde sofort verstanden. So etwas wie eine inoffizielle Hymne ist das Werk bis heute geblieben, und das vor allem wegen der darin vorkommenden getragenen Melodie, die auch den triumphalen Schluss bildet. 1941 schrieb der finnische Dichter Veikko Antero Koskenniemi dazu einen Text, mit dem das Sibelius-Thema ins finnische Volksliedrepertoire eingegangen ist.

Finnische Landschaften inspirierten den Komponisten Jean Sibelius.

GUSTAV MAHLER (1860–1911)

80 Sinfonie Nr. 5 cis-Moll
(1904)
Ein Brief als »Adagietto«

In Mahlers »Fünfter« findet sich einer der berühmtesten Sätze der Klassik – das »Adagietto«, das Luchino Visconti 1971 für seine Thomas-Mann-Verfilmung »Tod in Venedig« als Filmmusik verwendete. Die morbide Atmosphäre der Lagunenstadt scheint sich in dem langsamen Stück widerzuspiegeln. Nur Streicher und Harfe sind besetzt. Das »Adagietto« ist eine Insel der Intimität inmitten der orchestralen Bombastik der anderen Sätze. Mit Venedig hat es nichts zu tun. Mahler, der als viel beschäftigter Direktor der Wiener Hofoper in den Ferien im sogenannten Komponierhäuschen schrieb, schuf sie am Wörthersee. Uraufgeführt wurde sie 1904 in Köln. Eine Spur zur tieferen Bedeutung findet sich in einer Notiz des mit Mahler befreundeten Dirigenten Willem Mengelberg: »Dieses Adagietto war Gustav Mahlers Liebeserklärung an Alma! Statt eines Briefes sandte er ihr dieses im Manuskript; weiter kein Wort dazu. Sie hat es verstanden und schrieb ihm: Er solle kommen!!! (Beide haben es mir erzählt!) Wenn Musik eine Sprache ist, so ist sie es hier – er sagt ihr alles in Tönen und Klängen, in: Musik.«

Gemeint ist Mahlers Ehefrau Alma Mahler, geborene Schindler, die den Komponisten im Jahre 1902 geheiratet hatte und eine der faszinierendsten Frauen der damaligen Wiener Kunstszene war. Ihr Vater war Landschaftsmaler gewesen, sie selbst war in vielen Künsten – auch in der Musik – begabt, höchst belesen und nach Aussagen vieler Zeitgenossen außergewöhnlich schön, was man auch anhand alter Fotografien bestätigt finden kann. Als Mahler sich in sie verliebte, war sie 20 Jahre alt; der Komponist hatte bereits die 40 überschritten. Die Ehe war nicht ohne Konflikte. Von Anfang an verbot der exzentrische Künstler Mahler seiner Gattin das Komponieren, dabei hatte sie wunderbare Lieder geschaffen. Ihre Tagebücher und Erinnerungen schwanken zwischen Bewunderung und Liebe, Trotz und Angst.

Der Komponist und Dirigent Gustav Mahler.

CLAUDE DEBUSSY (1862–1918)

81 La Mer (1905)
Musik des Ozeans

Für viele ist es der Inbegriff idyllischer, Fernweh hervorrufender Postkartenromantik. Für den französischen Komponisten Claude Debussy war es die Inspirationsquelle für eines seiner revolutionärsten Werke: das Meer, der Eindruck des Ozeans mit seinen Farbenspielen, seinem volltönenden Rauschen und seiner immer wieder (vor allem in Schlagern) symbolisch beschworenen »Ehe« mit dem Wind …

Im Jahre 1903 begann Claude Debussy mit der Planung eines großen Orchesterwerkes, das ein ganz neues Kapitel der Sinfonik aufschlagen sollte. Bisher war Orchestermusik – und eigentlich die Musik insgesamt – immer von klar erkennbaren »Themen«, also wichtigen »Hauptmelodien« geprägt gewesen, deren Verarbeitung man im Laufe des Stückes verfolgen konnte.

Genau das vermied Debussy nun: Seine Musik sollte wie ein endlos geknüpftes Band mit Anläufen, Steigerungen und Höhepunkten auf den Hörer förmlich »zurauschen«. Musikhistoriker haben in dieser Technik das musikalische Gegenstück zum Impressionismus erkannt – jener Schule, in der die wunderbarsten Farbmischungen durch feine Aufspaltung in Tausende kleiner Farbpunkte entstehen. Ausgangspunkt für diese Richtung war Claude Monets Gemälde »Impression, soleil levant«, das 1874 bei einer Ausstellung in Paris gezeigt wurde. Typisch ist der reine Sinneseindruck bei Verzicht auf Struktur.

Genau das prägt auch Debussys Orchesterwerk »La Mer«. Um dem Publikum die Scheu vor dem neuen Stil zu nehmen, lieferte er kurze Anmerkungen zu den drei Teilen: »Von der Morgendämmerung bis zum Mittag auf dem Meer«, »Spiel der Wellen« und »Zwiesprache des Windes mit dem Meer«. Dem Komponisten ist damit das Kunststück geglückt, einerseits eine gewisse Sehnsucht des Publikums nach romantischen Natureindrücken zu bedienen, die Erwartung aber andererseits zu unterlaufen – und die Möglichkeiten der Musik an der Schwelle zur Moderne zu erweitern.

Das Meer lieferte Claude Debussy die Inspiration für eines der Hauptwerke des musikalischen Impressionismus.

ALEXANDER SKRJABIN (1872–1915)

82 Le Poème de l'Extase op. 54 (1908)
Farbenrausch eines Ultraexzentrikers

Die Musik war für ihn Zugang zu einer höheren, metaphysischen und okkulten Welt. Seine exzentrischen Klangvisionen waren für ihn so etwas wie spirituelle Offenbarungen, die man nur als Eingeweihter wirklich versteht. Zwei seiner Klaviersonaten nannte er »Messen« – »Weiße Messe« die siebte, »Schwarze Messe« die neunte. Eines seiner Klavierstücke, in dem er »die Falschheit« darstellen wollte, nannte er »Poème satanique«. Wäre Alexander Skrjabin nicht mit 43 Jahren an einer Blutvergiftung gestorben, wäre es vielleicht tatsächlich zu den »kosmogonischen Festspielen« in Indien gekommen, bei denen – von Skrjabin minutiös geplant – in einem halbkugelförmigen Raum in einer Vereinigung aller Künste die Entstehung der Menschheit dargestellt werden sollte. Weniger aufwendig war der Plan eines »Farbenklaviers«: Skrjabin war Synästhet, für ihn besaßen Töne und Akkorde Farben. Mit einer für seine Zeit revolutionären Technik wollte er optische und akustische Künste vereinen. Realisiert wurde dies, als 1915 in New York seine Tondichtung »Prométhée« erklang.

Auch die Verbindung von Dichtung und Musik war für Skrjabin ein Weg, Grenzen aufzubrechen. Darin war er ein Nachfahre von Richard Wagner und Franz Liszt (wie Skrjabin ein komponierender Klaviervirtuose). Zwischen 1905 und 1908 entstand das Orchesterwerk »Le Poème de l'Extase« – entwickelt auf der Basis eines eigenen Gedichts, das er zuvor im Eigenverlag hatte drucken lassen. Das von extremen Klangmassen geprägte Stück ist ein Höhepunkt in Skrjabins Selbstmystifikation und Ichbezogenheit – und das verbunden mit einer unverhohlen erotischen Komponente. Die Schattierungen der Ekstase erscheinen in einzelnen, genau zuzuordnenden Themen – etwa im »Thema der Sehnsucht« oder im »Thema der entstandenen Geschöpfe« bis hin zum »Thema der Selbstbehauptung«, das am Ende des Werkes über alles andere siegt.

Der Komponist Alexander Skrjabin.

CHARLES IVES (1874–1954)

83 The Unanswered Question (1908)
Der stille Avantgardist

Charles Ives war nach seinem Musikstudium an der Yale University schnell klar, dass er mit seiner Kunst kaum genug Geld verdienen würde, um davon leben zu können. So fasste er einen praktischen Entschluss: Er wurde Versicherungskaufmann, gründete bald eine eigene Firma und brachte es zu einem der erfolgreichsten Männer seiner Branche in Amerika am Beginn des 20. Jahrhunderts. So abgesichert, konnte er unbekümmert komponieren, und er störte sich auch wenig daran, dass seine Werke lange völlig unbeachtet in der Schublade lagen. Erst in den 50ern sprach sich herum, dass Ives Experimente der Avantgarde im stillen Kämmerlein vorweggenommen hatte – darunter die Techniken der musikalischen Collage, Atonalität, mehrfache Orchesterbesetzungen, Mikrointervalle, Reihentechniken und vieles mehr. Als man in Ives den Urvater moderner Musik erkannte, war der Komponist freilich bereits tot.

Auch seine berühmte Komposition »The Unanswered Question« (»Die unbeantwortete Frage«) von 1908 musste Jahrzehnte auf ihre Uraufführung warten. Es kam erst 1941 zur Premiere, als Ives aus gesundheitlichen Gründen bereits fast 20 Jahre zuvor mit dem Komponieren aufgehört hatte.

Welche Frage hier unbeantwortet bleibt, ist selbst eine unbeantwortete Frage (und vielleicht ist es ja diese, die Ives meint!). Das Werk – übrigens originell besetzt mit Streichorchester, einer Trompete und vier Flöten – vollzieht sich als Überlagerung verschiedener Schichten: Die Streicher eröffnen mit einer choralartigen, meditativen Musik (Ives verglich sie mit dem »Schweigen von Druiden, die nichts wissen, sehen, hören«), deren Kreisen immer wieder von der »Frage« der Trompete unterbrochen wird, nach und nach flankiert von den immer nervöser dreinfahrenden Flöten. Die Grundierung der Streicher jedoch bleibt unabhängig und verklingt am Schluss.

Der Komponist Charles Ives.

SERGEJ RACHMANINOW (1873-1943)

84 Klavierkonzert Nr. 3 d-Moll op. 30 (1909)
Russisches Weltschmerz-Konzert

Wer die Musik Sergej Rachmaninows liebt, läuft Gefahr, sich der Klassik nicht gerade auf intellektuellem Wege zu nähern. Gilt schon Tschaikowsky vielen als überschwänglich sentimental, so ist das noch stärker bei dessen jüngerem Landsmann der Fall. Hinzu kommt, dass er sich nichts aus den Entwicklungen der Moderne machte, deren Zeitgenosse er war. Der auf einem Landgut bei Nowgorod geborene Musiker war Abkömmling des Landadels, zu dessen standesgemäßen Gepflogenheiten es gehörte, das Klavierspiel zu erlernen. Unterstützt wurde er darin von seinem Vetter, dem Liszt-Schüler Alexander Siloti. Zeit seines Lebens war Rachmaninow auch ein hervorragender Solist. Von vielen seiner Klavierwerke hat er selbst Aufnahmen eingespielt – auch von seinem 1909 entstandenen Klavierkonzert Nr. 3, das in puncto Popularität mit dem neun Jahre zuvor entstandenen zweiten streitet. Immerhin: Das zweite erklingt im Marilyn-Monroe-Streifen »Das verflixte 7. Jahr«, aber dem dritten ist mit dem Pianistendrama »Shine – der Weg ins Licht« ein ganzer Film gewidmet.

Das extrem schwere Werk bezieht seine suggestive Kraft nicht nur aus der Virtuosität, sondern auch aus den Verbindungen zur traditionellen russischen Musik: So wurzelt das düstere Hauptthema in Gesängen russisch-orthodoxer Mönche. Es steht aber auch für Rachmaninows große Melancholie, den slawischen Weltschmerz, den der Komponist vor allem in seinem Exil jenseits des Atlantiks verkörperte. Rachmaninow floh vor dem Ersten Weltkrieg und den revolutionären Ereignissen in seinem Heimatland in die USA. Schon vorher hatten ihn Konzertreisen in die Neue Welt geführt. Die Premiere des dritten Klavierkonzerts fand noch in dessen Vollendungsjahr in New York statt – übrigens nur mit mäßigem Erfolg. Rachmaninow hatte das Stück auf der Überfahrt fertiggestellt und den Solopart mit Hilfe einer stummen Übetastatur einstudiert.

So sah der Maler Boris Dimitrijewitsch Grigorjew um 1920 den Komponisten und Pianisten Sergej Rachmaninow.

GUSTAV MAHLER (1860–1911)

85 Adagio aus der Sinfonie Nr. 10 (1910)

Abschied einer gequälten Seele

»Erbarmen! O Gott, warum hast du mich verlassen? Der Teufel tanzt es mit mir! Wahnsinn fasst mich an Verfluchten! Vernichte mich, dass ich vergesse, dass ich bin! Leb wohl, mein Saitenspiel.« Diese Worte finden sich auf dem Manuskript von Mahlers Sinfonie Nr. 10, von der nur ein einziger Satz vollendet werden konnte. Mahler, ein von Neurosen, Ängsten geplagter und nicht zuletzt durch Antisemitismus bedrohter Mensch, hatte vor dieser Sinfonie Angst.

Beethoven hatte neun Sinfonien geschrieben, Dvořák ebenso, Bruckner war über seiner Neunten gestorben. Mahler war von der irrationalen Furcht besessen, dass mit seiner eigenen Neunten alles zu Ende sein könnte. Aus Vorsicht nannte er eine seiner Sinfonien »Das Lied von der Erde« und ließ sie bei der Zählung aus. Trotzdem schuf er weitere neun und begann 1909 dann doch die zehnte. Schon 1907 hatte man ihn in Wien mit Intrigen aus dem Amt des Hofoperndirektors gedrängt. Mahler, neben seiner zu Lebzeiten gar nicht so sehr wahrgenommenen Arbeit als Komponist ein äußerst profilierter Dirigent, fand eine neue künstlerische Heimat in Amerika. Als bei ihm eine Herzkrankheit festgestellt wurde, kehrte er an die Donau zurück, wo er 1911 starb. Damit ging eine lange Karriere zu Ende: Schon mit 19 wurde Mahler Kapellmeister, Stationen waren die Theater von Ljubljana, Olmütz, Kassel, Leipzig, Budapest, Hamburg und Wien. Mit 24 komponierte er die erste seiner Sinfonien, die wie riesige Collagen aus romantischen Stilelementen wirken, doch kommen diese Elemente gebrochen und verzerrt daher. Mahler zog den seligen Volksliedanklängen, Märschen und entrückten Träumereien den Boden unter den Füßen weg. Seine Musik wirkt wie ein Echo auf das Seelenleben des modernen Menschen. Mit jahrzehntelanger Verspätung wurde Mahler in den 1960er Jahren wiederentdeckt – vor allem durch die Aufführungen Leonard Bernsteins.

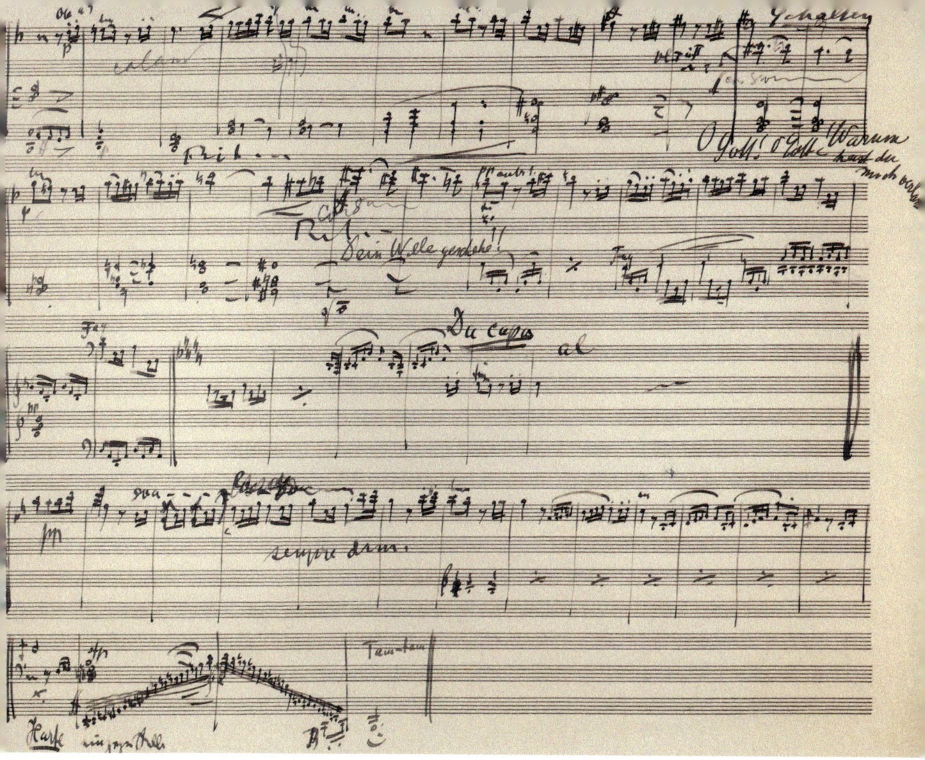

Bild oben: Eine Seite aus Mahlers Entwurf zu seiner unvollendeten Sinfonie Nr. 10 mit handschriftlichen Äußerungen seiner seelischen Verzweiflung. Bild unten: Das Innere von Mahlers »Komponierhäuschen« in Steinbach am Attersee.

BÉLA BARTÓK (1881–1945)

86 Allegro barbaro (1911)
Das Klavier als Schlagzeug

»Es ist sonderbar, dass in der Musik bisher nur die Begeisterung, die Liebe, die Wehmut, höchstens die Erbitterung (…) eine initiative Rolle spielen, während Rache, Karikatur und Sarkasmus erst in unserer Zeit zu musikalischem Ausdruck kommen.« Was der ungarische Komponist Béla Bartók 1909 an seine Frau schrieb, ist freilich übertrieben. Schon vor ihm wimmelte es in Opern zum Beispiel nur so von »Rachearien«. Aber der Komponist arbeitete just zu dieser Zeit daran, einen für das 20. Jahrhundert adäquaten Ausdruck zu finden.

Und der manifestierte sich plakativ in seinem nur etwa dreiminütigen Klavierstück »Allegro barbaro« (»barbarisches Allegro«), das 1911 entstand.

Der Schrecken als Klangereignis. Der Komponist als »junger Wilder«. Das Klavier als Perkussionsinstrument. Das Werk machte Schlagzeilen.

Das Neue an ihm besteht vor allem in einer (natürlich absichtlich inszenierten) Primitivität, die bald auch andere Pioniere der Moderne wie Igor Strawinsky aufgriffen. Ohne wirklich erkennbare Melodien, nur getragen von einem unregelmäßigen Rhythmus, hämmert der Pianist das Werk herunter, das den Zeitgenossen wie eine klanggewordene Apokalypse vorgekommen sein muss.

Die schroffen Motivfetzen, mit denen Bartók das zudem nach traditionellen Maßstäben äußerst unharmonische Stück zusammenhält, stammen aus einer interessanten Inspirationsquelle. Bartók war nämlich der Erste, der die »Zigeunergeigenklischees« der ungarischen Volksmusik als Irrtum entlarvte und das, was die Menschen im weiten Land der Puszta und in den angrenzenden Gebieten seit Jahrhunderten sangen und musizierten, erforschte – auf ausgedehnten Reisen und mit Hilfe des damals äußerst modernen Phonographen, mit dem er die Musik auf Wachszylinder aufzeichnete. So gilt Bartók auch als Begründer der Musikethnologie.

Eine Statue des Komponisten Béla Bartók in Brüssel.

RICHARD STRAUSS (1864–1949)

87 Der Rosenkavalier (1911)
Zurück zu den Perücken

Richard Strauss litt keineswegs unter einem Mangel an Selbstbewusstsein. Der Dirigent und Komponist, der mit Anfang 20 die Konzertpodien und Bühnen zu erobern begann, hatte mit 30 seine erste Oper herausgebracht, und je erfolgreicher er wurde, desto mehr sah er sich auch als Nachfolger eines berühmten Kollegen: Wolfgang Amadeus Mozart.

Der gut 100 Jahre ältere Klassiker hatte ebenfalls erfolgreiche Opern geschrieben, er hatte mit Lorenzo da Ponte einen genialen Librettisten an seiner Seite gehabt – und wenigstens in diesen Punkten, und sicher auch hinsichtlich seiner frühen Begabung und einer gewissen Mühelosigkeit beim Komponieren, hatte Strauss einiges mit Mozart gemeinsam. Sein Lieblings-Librettist war der bedeutende Dramatiker Hugo von Hofmannsthal. Mit ihm plante Strauss, eine Art »Mozart-Oper« zu schreiben, was heißen sollte: eine Oper, deren Handlung im Rokoko angesiedelt ist und vor der Kulisse dieser Epoche in einer scheinbar leichten Komödie Facetten menschlicher Abgründe zum Ausdruck bringt. Das Projekt, das am 26. Januar 1911 in Dresden seine Uraufführung erlebte, war »Der Rosenkavalier«.

Im Zentrum der Handlung steht die in unglücklicher Ehe mit einem Feldmarschall lebende Fürstin Werdenberg, deren junger Liebhaber bald in Liebesränke mit einer jüngeren Adeligen gerät. Die Oper entführt das Publikum mitten ins Perückenzeitalter der Kaiserstadt Wien, aber Strauss bleibt musikalisch auf der Höhe seiner eigenen Zeit. Er zieht dabei nicht nur alle Register der spätromantischen Gesangstechniken und des großen, zu Mozarts Zeit noch gar nicht existenten Sinfonieorchesters. Er beschwört auch das Wiener Lokalkolorit mit dem Idiom des Wiener Walzers herauf – obwohl es diesen zu Mozarts Zeit noch gar nicht gegeben hat. Die Walzerfolge aus dem »Rosenkavalier« hat auch als eigenständiges Konzertstück »Karriere gemacht«.

Richard Strauss im Jahre 1918, gemalt von Max Liebermann.

IGOR STRAWINSKY (1882–1971)

88 Le sacre du printemps
(1913)
Skandalwerk mit Folgen

In der Musik begann das 20. Jahrhundert 13 Jahre zu spät – dafür aber mit einer Wucht, die alles aus den Angeln riss. Es war der 29. Mai 1913. Auf dem Programm des Pariser Théâtre des Champs-Élysées stand die Uraufführung eines Balletts von einem jungen Komponisten, der aus Russland in die französische Metropole gekommen war – Igor Strawinsky. Vier Jahre zuvor hatte er den Ballett-Förderer Sergeij Diaghilew kennengelernt, der ihn für das Tanztheater begeisterte. Strawinsky komponierte für ihn »Der Feuervogel« und »Petruschka«. Dann folgte »Le sacre du printemps« – das Werk, das einen Riesenskandal auslöste. »Ich bin von Natur aus radikal; mir gefallen weder die mittlere, die gemäßigte Linie noch die Kompromisse«, so der Komponist. Das bekam auch das Publikum am Abend der Uraufführung zu spüren. Nach nur wenigen Takten gab es Gelächter, bald versank die Musik in einem riesigen Tumult aus dem Zuschauersaal. Schon die Handlung birgt für damalige Zeiten eine Provokation: Der »Sacre du printemps«, das »Frühlingsopfer«, besteht aus Szenen aus dem »heidnischen Russland«, wo der Frühling nicht als Lenz mit blauem Band daherkommt, sondern ein Menschenopfer fordert – eine Jungfrau, ausgewählt aus den Mitgliedern eines namenlosen Steppenstammes. Die »Opferung« (oder auch »Weihe«) geschieht mit kaum verhohlenen erotischen Anspielungen. Die Musik besteht in weiten Strecken aus eruptiven Klangballungen, angeordnet in einem damals kaum spielbaren Rhythmengestrüpp.

Wie sich die Zeiten ändern: 2003 entwickelten der Dirigent Sir Simon Rattle, die Berliner Philharmoniker und der Choreograf Royston Maldoom mit 250 Kindern und Jugendlichen aus sogenannten »Problemschulen« mit Strawinskys Skandalpartitur das hochgelobte Tanzprojekt »Rhythm Is It!«, das auch Thema eines Dokumentarfilms wurde.

Bild oben: Choreografische Skizzen zum Ballett »Le sacre du printemps«. Bild unten: Der Komponist Igor Strawinsky auf einer Fotografie.

89 Die Planeten op. 32 (1916)
Götter aus dem All

»In der Regel studiere ich nur Gegenstände, die mich musikalisch anregen. Deshalb plagte ich mich mit dem Sanskrit. Kürzlich packte mich der Charakter der einzelnen Planeten, und ich begann ziemlich gründlich Astrologie zu studieren.« Kein Zweifel: Der englische Komponist Gustav Holst, von dem diese Zeilen stammen, war durchaus originell in seinen Inspirationsquellen. Was aus seiner Idee einer »klingenden Astrologie« werden sollte, hat er sicher kaum geahnt: Sein Orchesterzyklus »Die Planeten« nimmt viel von dem vorweg, womit Soundtrackmeister der Hollywood-Monumentalfilm-Ära berühmte Filme illustrierten. Auch ein Filmmusikkomponist wie John Williams besitzt in Holst einen Urahn – und so hat der Brite auch selbst wieder für Inspirationen gesorgt.

»Die Planeten« entstand zwischen 1914 und 1916. Holst ging es nicht um Science-Fiction, sondern um die charakterlich-mythologischen Hintergründe der Himmelskörper – und das durchaus mit Bezug zum Zeitgeschehen.

Das raue, martialische Klangbild im ersten Satz »Mars, der Kriegsbringer« inszeniert Visionen der Entstehungszeit kurz vor Ausbruch des Ersten Weltkrieges. Venus wird als Friedenshoffnung gezeigt, Merkur als geflügelter Bote, Jupiter vermittelt Fröhlichkeit in Form einer englischen Volksliedern nachempfundenen Weise, Saturn beschwört die Weisheit des Alters herauf, Uranus die Magie und Neptun die Mystik – übrigens dargestellt mit ins Orchester eingewebten Frauenstimmen. Die Erde hat Holst ausgelassen, auch Pluto fehlt. Er wurde erst 1930 entdeckt. Im Jahre 2000 füllte Colin Matthews diese Lücke – mit dem hinzukomponierten Satz »Pluto, der Erneuerer«.

»Die Planeten« sollte Holsts einziges Werk bleiben, dem man im Konzertsaal regelmäßig begegnet. Bedeutung erlangte er zeit seines Lebens weniger als schöpferischer Musiker, sondern eher als Lehrer und musikalischer Leiter von Laienorchestern.

Gustav Holst wagte am Beginn des 20. Jahrhunderts einen musikalischen Blick ins Sonnensystem und wurde zum Vorbild für viele Filmkomponisten.

ARTHUR HONEGGER (1892–1955)

90 Pacific 231 (1923)
Eine Lokomotive im Konzertsaal

Er nannte das Stück »Mouvement symphonique No. 1«, also »Sinfonischer Satz Nr. 1« im Sinne eines Satzes, wie man seit der Barockzeit einzelne Teile größerer Instrumentalwerke bezeichnet. Doch was der aus einer schweizerischen Familie stammende und im französischen Le Havre geborene Komponist Arthur Honegger eigentlich beschreiben wollte, sagte er im Haupttitel: »Pacific 231« hieß das Werk, das erstmals 1924 in Paris erklang. Kenner moderner Verkehrsmittel werden schon damals erkannt haben, dass es dabei um eine Lokomotive ging.

In den 20er Jahren war die Technikbegeisterung groß, und sie hielt auch in der Musik Einzug. Revolutionäre Geister hatten schon ab etwa 1910 den sogenannten »Futurismus« in die Kulturlandschaft gebracht. Die futuristische Musik feierte unter anderem den Lärm und die Aggressivität der Maschine als neue Komponente im Konzertsaal. So weit ging Honegger nicht. Sein Stück, durchaus als »Hymne an die Technik« gemeint, wurde bei der Uraufführung zwar auch als »skandalös« oder »wirr« abgelehnt, legte aber den Grundstein für die internationale Bekanntheit des Komponisten, der genau besehen ganz auf dem Boden spätromantischer Klangwelten hier ein bestimmtes Konzept verfolgte: Die Schilderung des Anfahrens einer Dampflokomotive, die dann volle Fahrt aufnimmt, dient als musikalische Darstellung des Effekts von Beschleunigung und wachsender Kraft. »In ›Pacific 231‹ wollte ich nicht den Lärm der Lokomotive nachahmen, sondern einen visuellen Eindruck und einen physischen Genuss ins Musikalische übersetzen. Das Werk geht von der sachlichen Beobachtung aus – das ruhige Atemschöpfen der Maschine im Stillstehen, die Anstrengung beim Anziehen, das allmähliche Anwachsen der Schnelligkeit – bis sie einen lyrischen Hochstand erreicht, die Pathetik eines Zuges von 300 Tonnen, der mit 120 Kilometern pro Stunde durch die tiefe Nacht stürmt …«

Eine Dampflok als Heldin in einem Musikstuck: Arthur Honegger setzte damit einen besonderen Akzent in der Musik der Frühmoderne.

ARNOLD SCHÖNBERG (1874–1951)

91 Klaviersuite op. 25 (1923)
Neue Regeln für zwölf Töne

Für viele ist sie der Inbegriff des Unverständlich-Modernen: die »Zwölftonmusik« (wissenschaftlich »Dodekafonie« genannt). Diese Stilrichtung steht gewissermaßen als »Sündenbock« für die Schwierigkeiten der Avantgarde-Musik: Dissonanzen, der Verzicht auf eine klare Tonart, unverständliche musikalische Verläufe. Die Zwölftonmusik wurzelt jedoch in tiefen musikhistorischen Zusammenhängen: Grundlage unseres Musiksystems sind die sieben ausgewählten Töne einer Tonleiter – das Material einer bestimmten Tonart, anzutreffen etwa in jeder einfachen Volksliedmelodie. Insgesamt stehen aber innerhalb einer Tonleiter zwölf Töne zur Verfügung, von denen jeweils fünf bei Beschränkung auf eine Tonart ausgelassen werden.

Schon seit der Renaissance würzten die Komponisten ihre Musik immer wieder mit tonartfremden Tönen und sorgten dabei mit kühnen Ausweichungen für neue Effekte, bis dieser Trend Ende des 19. Jahrhunderts seinen Höhepunkt erreichte. Der Komponist Arnold Schönberg erklärte daraufhin die systematische Tonartvermeidung durch die Konstruktion von Zwölftonreihen anstelle von Tonleitern zum Prinzip seiner neuen Musik.

Das erste konsequent nach seinen Regeln komponierte Werk ist die Klaviersuite op. 25 aus dem Jahre 1923. Wenige Jahre später schrieb er mit den Variationen op. 31 das erste Zwölfton-Orchesterstück. Seine Neuentwicklung brachte dem aus Wien stammenden Komponisten 1925 einen Lehrauftrag in Berlin ein, den ihm die Nationalsozialisten wieder nahmen. 1933 emigrierte er in die USA und lehrte an der University of California in Los Angeles. Schönberg hielt seine Technik übrigens nicht für bindend. »Auch in C-Dur lässt sich in der Musik noch viel sagen«, so sein berühmter Ausspruch. Daher schätzte er auch die tonale Musik – zum Beispiel die Werke seines Kollegen George Gershwin, mit dem Schönberg in Beverly Hills gerne Tennis spielte.

Arnold Schönberg auf einem Gemälde aus dem Jahr 1906.

GEORGE GERSHWIN (1898–1937)

92 Rhapsody in Blue (1924)
Klassik-Triumph eines Songschreibers

Eine Straße, in der aus jedem Haus Klaviergeklimper nach draußen dringt: Das war die »Tin Pan Alley« – zu Deutsch »Blechpfannengasse« –, die ihren Namen dem vermischten Klang von vielen ziemlich heruntergespielten Pianos verdankte. Heute hört man hier, in der 28. Straße zwischen 5th Avenue und Broadway im Herzen Manhattans, nichts mehr davon. In den ersten Jahrzehnten des 20. Jahrhunderts drängten sich an diesem Ort die meisten amerikanischen Musikverlage. Zum Tagesgeschäft gehörte es, dass Hauspianisten den Kunden die aktuellen Hits vorspielten, und so entstand das legendäre »Geklimper«. Einer dieser »Song Plugger« war ein Musiker, der aus einer osteuropäischen Familie namens »Gerschowitz« stammte, sich aber bald »Gershwin« nannte. Er hatte sich das Klavierspiel selbst beigebracht und arbeitete sich – ganz nach dem Muster des amerikanischen Traums – vom Fließbandpianisten zum Broadway-Songschreiber hoch. Und er sollte die Chance bekommen, Musikgeschichte zu schreiben.

Dabei wäre beinahe alles schiefgegangen. Gershwin schlug am 3. Januar 1924 die Zeitung auf und fand die Ankündigung eines Konzerts mit dem Titel »Was ist amerikanische Musik?«. Paul Whiteman, Dirigent eines Tanzorchesters, wollte »sinfonischen Jazz« mit klassischen Elementen verbinden. Dabei wurde ein neues Werk von Gershwin angekündigt – aber der hatte die Zusage schon wieder vergessen. Nur drei Wochen blieben bis zur Uraufführung, keine Note war geschrieben. Vielleicht war es der Zeitdruck, der Gershwin etwas wirklich Revolutionäres schaffen ließ – ein freies konzertantes Werk für Klavier und Orchester, in dem sich Big-Band-Motive, Blues-Einflüsse und romantisches Klavierkonzert treffen.

Der Komponist saß selbst am Klavier, als das Stück am 12. Februar 1924 erstmals in der New Yorker Aeolian Hall erklang – und seinen internationalen Durchbruch als amerikanischer Klassiker begründete.

George Gershwin, der erste große amerikanische Klassiker.

GIACOMO PUCCINI (1858–1924)

93__ Turandot (1924)
Schlaflos in Peking

Der Durchbruch kam mit »Nessun dorma«: Am 9. Juni 2007 sang der britische Handy-Verkäufer und Hobbytenor Paul Potts Puccinis Arie in der Castingshow »Britain's Got Talent«. Potts, mit markant schiefen Zähnen und untersetzter Figur optisch eher ein »Outlaw« unter den Teilnehmern, brachte mit seiner Stimme das Publikum zum Toben und gewann. Eine (kurze) Musikkarriere und Werbeverträge – unter anderem bei einem deutschen Telefonanbieter – waren die Folge.

»Nessun dorma«, die große Nummer aus Puccinis Oper »Turandot«, war freilich schon länger bekannt – und das bei Weitem nicht nur bei Klassik-Fans. Sucht man nach dem Zeitpunkt, an dem die Arie aus der Welt der Oper ins Populäre trat, wird man im Jahre 1990 fündig: Am 7. April dieses Jahres gaben die »Die drei Tenöre«, das legendäre Trio mit Luciano Pavarotti, Plácido Domingo und José Carreras, in Rom ihr erstes Konzert – natürlich mit »Nessun dorma«.

»Turandot« ist die letzte, übrigens nicht ganz vom Komponisten vollendete Oper von Giacomo Puccini, den viele auch als letzten großen italienischen Opernmeister der Geschichte ansehen. Verzweifelt in einem Brüsseler Krankenhaus gegen seinen Kehlkopfkrebs kämpfend, komponierte Puccini bis zum Schluss an der Vertonung der Geschichte um eine hartherzige chinesische Kaiserstochter. Wer sie erringen will, muss drei Rätsel lösen. Wer versagt, muss sterben. Der Held Kalaf rät richtig. Turandot sperrt sich trotzdem. Und nun gibt er ihr eine Aufgabe: bis zum Morgengrauen seinen Namen zu erraten. Die Prinzessin befiehlt: Keiner schlafe in Peking, bis es ihr gelungen sei! Und in einem Moment, in dem Kalaf sich vorstellt, wie er Turandots Kälte durch seinen Kuss überwinden wird, nimmt er diese Worte auf: Keiner schlafe (»Nessun dorma«). Die Arie entwickelt sich über einen poetischen Beginn bis zum triumphalen Schluss, in dem sich der Held seinen Sieg ausmalt.

Giacomo Puccini als Metallplastik neben seinem Geburtshaus im italienischen Lucca.

OTTORINO RESPIGHI (1879–1936)

94 Römische Trilogie
(1916–1928)
Der »Sound« der Ewigen Stadt

Wer in Italien als Komponist etwas werden will, muss Opern schreiben. Dieser Satz galt, als Ottorino Respighi lebte. Der Zeitgenosse eines Giacomo Puccini begeisterte sich aber schon früh für die reine Orchestermusik. Und auf diesem Gebiet gelang ihm auch der Durchbruch – im stimmensüchtigen Italien zu Beginn des 20. Jahrhunderts eine Sensation. Doch immerhin handelt Respighis Erfolgsstück publikumswirksam von der italienischen Hauptstadt Rom, deren Szenerien den Komponisten zu einer ersten Tondichtung über die Ewige Stadt inspirierten. »Fontane di Roma« (»Römische Brunnen«) sind es, deren Murmeln, Plätschern oder auch fontänenhaftes Aufschießen er 1917 schilderte.

1924 komponierte Respighi, mittlerweile Direktor des römischen Musikkonservatoriums Santa Cecilia, einen zweiten Teil. Diesmal waren es die Pinien, die zum verbindenden Motiv romantischer Verklärung wurden. Die »Pini di Roma« erzählen von der Villa Borghese, von den Katakomben, von der nächtlichen Szenerie auf dem Janiculum (inklusive einer Nachtigall, deren Originalgezwitscher laut Partituranweisung als »Playback« von einem Grammofon eingespielt wird!), und sie schildern einen antiken Aufmarsch auf der Via Appia: Man sieht förmlich das sich nähernde römische Heer, die Rüstungen blitzen, ein römischer Konsul erscheint und macht sich auf den Weg durch die Tore zum Kapitol. 1928 rundete Respighi seine klingenden Rom-Impressionen mit »Feste Romane« (»Römische Feste«) zur Trilogie ab. Der Bilderbogen beginnt in frühchristlicher antiker Zeit: Im Kolosseum werden zum Tode verurteilte Christen vor den Augen der rasenden Menge zu schrillen Fanfaren wilden Tieren zum Fraß vorgeworfen. »Il Giubileo« zeigt Rom als Ziel der Pilger – mit einer Hymne und Glockenklängen. »Ottobrata« und »La Befana« sind römische Volksfeste mit Jagdrufen, romantischen Mandolinen-Ständchen, Tänzen und anderem bunten Treiben.

Die Fontana di Trevi in Rom – Thema eines der Stücke aus Respighis römischer Trilogie.

MAURICE RAVEL (1875-1937)

95 Boléro (1928)
Klangfarbenstudie mit Sex-Appeal

Angefangen hat wohl alles mit Bo Derek. 1979 spielte die blonde Schönheit die Titelrolle in dem Film »Zehn – Die Traumfrau«. Dem Drehbuchautor war zur Verdeutlichung der sexuellen Vorlieben seiner Hauptfigur ein ganz besonderer Gag eingefallen. Sie hörte »dabei« nämlich am liebsten Maurice Ravels »Boléro« – ein Werk, dessen formales Prinzip aus einer langsamen, aber unerbittlichen Steigerung besteht. Die Kurve reicht von der Fast-Lautlosigkeit bis zum bombastischen Schluss. Der Film machte das Stück, das der Komponist übrigens selbst als »Experiment in einer sehr speziellen und begrenzten Richtung« beschrieb, auch bei Nicht-Klassikhörern populär.

So emotional die Komposition vielen vorkommt – betrachtet man ihre »Machart«, zeigt sich Ravels Vorgehensweise tatsächlich als kühl geplanter Versuchsaufbau. Die Idee dazu soll dem Komponisten während eines Badeurlaubs gekommen sein: Zunächst erfand Ravel eine Melodie im Rhythmus des Bolero – eines traditionellen spanischen Tanzes im mäßig schnellen Dreivierteltakt. Spanische Einflüsse hatten in Frankreich schon seit Bizets »Carmen« Konjunktur. Dann schickte er diese in stetiger Wiederholung durch die verschiedensten Instrumentalfarben – mit auskomponierter Steigerung der Lautstärke. Es beginnt mit einer einsamen Flöte mit fast unhörbarer Trommelbegleitung, und es endet nach einer Viertelstunde mit einem tobenden Orchester. Dazwischen zieht der Komponist alle Register der Instrumentenkombination, und so ist der »Boléro« nichts anderes als eine Studie der sich steigernden musikalischen Farbmischungen. Erst kurz vor dem Schluss bricht der Verlauf aus der starren Wiederholung aus. Das alleinige formbildende Prinzip von Klangfarben irritierte das Publikum bei der Uraufführung 1928. Auch Ravel selbst war das Werk nicht geheuer. »Ich habe nur ein einziges Meisterwerk komponiert – den Boléro«, sagte er bescheiden. »Leider völlig ohne Musik.«

Die französische Tänzerin und Sängerin Marcelle Lender tanzt einen Bolero auf einem Bild von Henri de Toulouse-Lautrec, entstanden in den Jahren 1895 und 1896.

MAURICE RAVEL (1875–1937)

96 Klavierkonzert für die linke Hand D-Dur (1930)

Virtuos mit links

Der Erste Weltkrieg hatte eigentlich sein künstlerisches Schicksal besiegelt: Als der österreichische Pianist Paul Wittgenstein (1887–1961) als Soldat an der Ostfront dienen musste, wurde er in Polen so schwer verletzt, dass er seinen rechten Arm verlor. Doch der Künstler, übrigens Bruder des Philosophen Ludwig Wittgenstein, gab nicht auf. Da er das gängige Konzertrepertoire nicht mehr spielen konnte, beauftragte er Komponisten seiner Zeit, ihm Werke allein für die linke Hand zu schreiben. In Wittgensteins Auftrag arbeiteten Meister wie Paul Hindemith, Richard Strauss, Benjamin Britten, Sergej Prokofjew – und Maurice Ravel, der für ihn das wohl berühmteste Klavierkonzert für die linke Hand schuf. Wittgenstein konnte sich die Beschäftigung der prominentesten Komponisten finanziell leisten, weil er aus einer reichen Industriellenfamilie stammte. Nicht mit allen Ergebnissen war er zufrieden. Sein Musikgeschmack wurzelte im 19. Jahrhundert. Das für ihn geschriebene Werk von Hindemith »Klaviermusik mit Orchester« etwa war ihm zu modern. Die Partitur, 1923 entstanden, blieb in der Schublade und wurde erst 2004 zum ersten Mal öffentlich gespielt. Auch das Konzert von Sergej Prokofjew lehnte Wittgenstein ab.

Maurice Ravels Konzert für die linke Hand von 1930 erntete ebenfalls zunächst Kritik. Das Klavier ist über so weite Strecken nur solistisch zu hören, dass der Pianist harsch verlauten ließ: »Wenn ich ohne Orchester spielen wollte, hätte ich kein Konzert mit Orchester bestellt.« Doch 1932 hob er das Werk in Wien aus der Taufe – und das Publikum erlebte eines der ersten großen europäischen Klassik-Werke, in denen der Jazz Einzug hält. Weite Episoden ähneln freien Improvisationen, im Finale steigert sich dies in großer Virtuosität. Auch in seinem zweiten Klavierkonzert (für zwei Hände) aus dem Jahre 1932 behielt Ravel diese »Stilmischung« bei.

Aus der Not wurde eine Tugend: Paul Wittgenstein bewältigte mit nur einer Hand große Klavierwerke.

ALBAN BERG (1885–1935)

97 — Violinkonzert (1935)
Geigenspiel für eine Tote

Zwölftonmusik! Schon dieses Wort erzeugt selbst bei manchen eingefleischten Klassik-Fans Unbehagen. Vom österreichischen Komponisten Arnold Schönberg (1874–1951) um 1920 entwickelt, gilt dieser Stil als früheste Form der atonalen Musik mit allen Konsequenzen: Dissonanzen, der Verzicht auf klare Tonarten und erkennbare Melodien. Doch die Zwölftonmusik kann in ganz unterschiedlichen Facetten erscheinen, kann sogar geradezu lyrisch-romantische Ausdrucksformen entwickeln. Das bewies Schönbergs Schüler Alban Berg vor allem mit seinem 1935 entstandenen Violinkonzert, das den Untertitel »Dem Andenken eines Engels« trägt. Die Anregung war ein Kompositionsauftrag, den Berg im Januar 1935 von dem amerikanischen Geiger Louis Krasner erhielt. Der angesprochene »Engel« ist die am 22. April 1935 mit 18 Jahren an Kinderlähmung verstorbene Manon Gropius – eine Tochter von Gustav Mahlers Witwe Alma Mahler und deren zweitem Ehemann Walter Gropius. Berg schuf mit seinem Konzert ein musikalisches Porträt der jungen Frau. Außerdem integrierte er in die ja eigentlich »tonartenlose« Musik das Zitat aus einem Choral von Johann Sebastian Bach: »Es ist genug« aus der Kantate »O Ewigkeit, du Donnerwort«, das zuerst in den Holzbläsern auftaucht und dann variiert wird.

Berg komponierte das Violinkonzert in nur etwa vier Monaten, was für ihn recht untypisch war. Er unterbrach dafür die Arbeit an einem wichtigen Opernprojekt: »Lulu« nach dramatischen Vorlagen von Frank Wedekind. Der Schritt war folgenreich. Berg starb im Dezember 1935. »Lulu« blieb unvollendet, und die Uraufführung seines Violinkonzerts erlebte er nicht mehr. Was Berg antrieb, Krasners Auftrag anzunehmen und in seinen Opernplan einzuschieben, war zum großen Teil auch Geldnot. Die Nationalsozialisten hatten Alban Bergs Musik als »entartet« gebrandmarkt – was große Einbußen für den Komponisten zur Folge hatte.

Der Komponist Alban Berg.

GEORGE GERSHWIN (1898–1937)

98 Porgy and Bess (1935)
Die Welt der Schwarzen auf der Opernbühne

Der Triumph bei der Uraufführung der »Rhapsody in Blue« 1924 stellte George Gershwins Leben auf den Kopf. Das Konzept, europäische Klassik mit Jazzeinflüssen zu verbinden, führte ein Jahr später zu einem weiteren Meilenstein, dem »Concerto in F«. Danach reiste der Komponist nach Europa. Er wollte sich von den Musikstilen der Alten Welt inspirieren lassen. In Frankreich lernte er Größen wie Maurice Ravel und Igor Strawinsky kennen. Dass er seine Erlebnisse dann 1928 auch gleich in dem illustrativen Orchesterstück »Ein Amerikaner in Paris« verarbeitete, in dem sogar originale Autohupen von der Seine zum Einsatz kommen, spricht für den überwältigenden Eindruck dieser Reise.

Eines seiner Hauptwerke, das sehr tief aus der amerikanischen Musik schöpft, entstand schließlich Mitte der 30er Jahre: Es ist die Oper »Porgy and Bess« – eine tragische Liebesgeschichte, die im Milieu der Afroamerikaner angesiedelt ist und erstmals deren Lebenswelt auf die Opernbühne bringt. Gershwin erforschte für seine Arbeit die Welt der Schwarzen gewissenhaft. Edwin DuBose Heyward, auf dessen Roman das Werk basiert, stellte ihm sein Sommerhaus in Charleston zur Verfügung, und von hier aus besuchte er unter anderem die Plantagen der Baumwollpflücker – eine Szenerie, die ihn zur berühmtesten Nummer der Oper, »Summertime«, inspirierte.

Nach der Vollendung kämpfte Gershwin um die Premiere: In Zeiten der Rassentrennung war es unmöglich, das Werk, in dem fast nur Schwarze mitspielen, in einem Opernhaus erklingen zu lassen. Gershwin bestand darauf, dass alle entsprechenden Rollen mit Afroamerikanern zu besetzen seien. So erklang die heute berühmteste amerikanische Oper zuerst in Vorstellungen eines Tourneetheaters. Die erste Station war 1935 in New York. Gershwin sollte den ganz großen Durchbruch nicht mehr erleben. Er starb zwei Jahre später mit knapp 39 Jahren an einem Hirntumor.

George Gershwin besaß auch Talent als Zeichner, wie diese Selbstkarikatur zeigt.

SAMUEL BARBER (1910-1981)

99 Adagio for Strings (1936)
Das traurigste Stück der Welt

Wenn ein Komponist mit einem einzigen Stück plötzlich populär wird, haben es seine übrigen Werke manchmal umso schwerer, ihren Weg zum Publikum zu finden. Das gilt besonders für den amerikanischen Komponisten Samuel Barber, dessen »Adagio for Strings« spätestens seit dem effektvollen Einsatz in dem Kinofilm »Platoon« zum Klassik-Hit wurde. Trotzdem (oder gerade deshalb) hat es lange gedauert, bis Barber es beim Publikum und bei der Kritik hierzulande zu größerem Ansehen brachte, woran auch sein künstlerisches Credo schuld sein könnte: »Wenn ich eine Klaviersonate oder ein Konzert komponiere, schreibe ich das, was ich fühle. Ich bin ein ganz unbefangener Komponist. Manche sagen, ich hätte absolut keinen eigenen Stil, aber das macht nichts …«

Barber war ein Zeitgenosse der Moderne, jünger als die Vertreter der atonalen Schulen, aber eben trotzdem kein Avantgardist – und so hatte er es in der Klassikwelt nicht ganz leicht. Sein musikalisches Talent zeigte sich schon sehr früh: 1910 in West Chester (Pennsylvania) geboren, begann er bereits mit 14 sein Studium. Neben Klavier, Komposition und Dirigieren stand auch Gesang auf seinem Lehrplan, und der Sänger Barber brachte es immerhin so weit, eigene Liederabende zu geben und sogar eines seiner Lieder auf Schallplatte einzusingen.

Das »Adagio for Strings« (»für Streicher«) war Teil eines Streichquartetts, das Barber 1936 während eines Europaaufenthaltes komponierte und dessen langsamer Satz sich dann verselbstständigte. 1938 leitete der Dirigent Arturo Toscanini in New York die Uraufführung der Fassung für großes Streichorchester. Der immense Erfolg und der sakrale Ausdruck inspirierten Barber zu einer Chorversion (»Agnus Dei«).

2004 wählten die BBC-Hörer Barbers Adagio zum »traurigsten klassischen Stück«. Es hat vor allem in den USA seinen festen Platz bei offiziellen Trauerfeierlichkeiten.

Samuel Barber im Jahre 1967 am Dirigentenpult.

CARL ORFF (1895–1982)

100 Carmina Burana (1937)
Szenen aus dem Mittelalter

Wo ist diese Musik nicht schon überall erklungen! Bei Weitem nicht nur im Konzertsaal: Für Box-Champion Henry Maske war sie eine wirkungsvolle Eingangsfanfare auf dem Weg zum Ring, im Fantasyfilm »Excalibur« preschen die Ritter der Tafelrunde zu den aufpeitschenden Klängen durch grüne Wälder. Manager einer gewissen Schokoladenmarke unterstrichen damit ihr Produkt unter dem Motto »Rendezvous der Sinne« in einem Fernseh-Werbespot. Ob sich Carl Orff einen solchen Siegeszug seiner »Carmina Burana« hatte vorstellen können? Dass sein Werk, und vor allem der Eingangschor »O Fortuna«, eine solche Begeisterung erfuhr, hat er selbst nur in den Anfängen erlebt.

Die Entstehungsgeschichte dieses Klassik-Hits begann am Gründonnerstag 1934: Orff fiel eine Ausgabe mit Texten der mittelalterlichen Trink- und Liebeslieder in die Hände, die als »Carmina Burana« (»Lieder aus Beuren«, benannt nach dem Aufbewahrungsort im Kloster Benediktbeuern) bis dahin nur Kennern alter literarischer Quellen bekannt waren. Orff war elektrisiert: »Sofort stand ein neues Werk, ein Bühnenwerk mit Sing- und Tanzchören, nur den Bildern und Texten folgend, in Gedanken vor mir.« Bildhaftes Motto des Werkes ist das Rad der Glücksgöttin Fortuna – Symbol der Kreisbewegung des Schicksals. Als Orff auf die Texte stieß, hatte er sich schon als Pädagoge einen Namen gemacht. Keine Musikschule kommt heute ohne das sogenannte »Orff-Schulwerk« aus, mit dem man bereits in frühesten Jahren Kinder spielerisch an die Musik heranführen kann. Das Elementare, das Archaische in der Musik hat den Komponisten ganz besonders gereizt – nicht nur in der »Carmina Burana« mit ihren hypnotischen Rhythmen und scheinbar einfachen Melodiewendungen. Orff gilt auch als bedeutender Opernkomponist (»Die Kluge«, 1941). Nicht unumstritten ist seine Rolle in der NS-Zeit, in der Orff auch Musik für offizielle Anlässe schrieb.

Bühnenbild einer inszenierten Aufführung der »Carmina Burana« 2009 in Hamburg.

JOAQUÍN RODRIGO (1901–1999)

101 Concierto de Aranjuez
(1939)

Klingendes Denkmal für eine königliche Residenz

Das spanische Städtchen Aranjuez ist ein Juwel. Unzählige Touristen bestaunen Jahr für Jahr den 1727 vollendeten Barockpalast und dessen prachtvolle Gärten – Sommerresidenz der spanischen Könige. Der Mann, der diesen Herrlichkeiten das wohl berühmteste Denkmal gesetzt hat, konnte sie nie mit eigenen Augen sehen. Joaquín Rodrigo, Komponist des »Concierto de Aranjuez«, erblindete bereits mit drei Jahren infolge einer Diphtherie-Erkrankung.

Kaum ein anderes populäres Werk verbindet man so stark mit dem typischen Flair Spaniens wie dieses Gitarrenkonzert, das 1939 entstand. Vor allem der zweite Satz – das Adagio – ist überaus bekannt geworden. Seine Melodie besitzt traditionelle Wurzeln: Sie ist der sogenannten »Saeta« nachempfunden – einem religiösen Bittgesang, der während Prozessionen erklingt.

Rodrigo, der 1901 geboren wurde und mit fast 100 Jahren starb, ließ sich durch seine Blindheit weder von seiner Karriere noch von Reisen abhalten. Zunächst studierte er in seiner Heimatstadt Valencia und ging dann 1927 nach Paris, wo er enge Freundschaft mit seinem Kollegen Manuel de Falla schloss. Das Erbe der spanischen Musik in seine Werke einzubeziehen wurde für ihn zum künstlerischen Auftrag. 1939 kehrte er nach Spanien zurück, besuchte jedoch weiterhin viele Länder, unter anderem in Südamerika. In den 40er Jahren wurde er selbst ein einflussreicher Lehrer – und zum musikalischen Botschafter seines Landes. Zeichen der Wertschätzung dafür sind nicht nur sieben Ehrendoktortitel, die man ihm verlieh. Der spanische König Juan Carlos erhob ihn zudem 1991 in den Adelsstand. Fortan durfte sich der Musiker »Marqués de los Jardines de Aranjuez« nennen. Die Residenzstadt, deren Schönheit er in seinem berühmten Konzert gepriesen hatte, dankte ihm mit einem im Schlossgarten gelegenen Ehrengrab.

Der Palast von Aranjuez, Sommerresidenz des spanischen Königshauses.

OLIVIER MESSIAEN (1908–1992)

102 Quartett für das Ende der Zeiten (1941)

Apokalypse im Gefangenenlager

Im Winter 1940/41 war der französische Komponist Olivier Messiaen in einem schlesischen Kriegsgefangenenlager in Görlitz interniert, wo er sein »Quatuor pour la fin du temps« (»Quartett für das Ende der Zeiten«) komponierte und zusammen mit anderen Gefangenen am 15. Januar 1941 zur Uraufführung brachte. Neue, avantgardistische Musik im Gefangenenlager – die Vorstellung wirkt bizarr. »Es herrschte grimmige Kälte«, erinnerte sich Messiaen, »das ganze Lager war im Schnee versunken … Wir spielten auf Ruinen von Instrumenten: Pasquiers Cello hatte nur drei Saiten, die Tasten meines Klaviers ließen sich auf der rechten Seite zwar herunterdrücken, hoben sich aber nicht mehr. Nicht weniger ruiniert war unsere Kleidung: Mich hatte man mit einer grünen, völlig zerrissenen Jacke ausstaffiert, und ich trug Holzpantinen.«

Der zutiefst gläubige Messiaen hatte sich unter diesen lebensbedrohlichen Bedingungen inmitten des Weltkrieges für die acht Sätze seines Stückes von einem Kapitel aus der »Apokalypse« des Johannes inspirieren lassen – einer Vision vom Ende der Zeiten, die freilich keine Schreckensszenen heraufbeschwört, sondern Bilder, die im katholischen Sinne eine freudige Erwartungshaltung vermitteln. Trotz der modernen Tonsprache, in der Messiaen dieses Werk schrieb, hinterließ es bei den Gefangenen, die bei der Uraufführung das Publikum bildeten, einen tiefen Eindruck. Der Komponist erklärte später, dass man ihm niemals mit solcher Aufmerksamkeit und mit solchem Verständnis zugehört habe wie damals.

Messiaen, der 60 Jahre lang als Organist an der Pariser Kirche »La Trinité« wirkte, hatte mit seinem »Quatuor« einen Nerv getroffen – und das keineswegs mit einem Gelegenheitswerk, sondern mit der für ihn typischen Verbindung von moderner Musiksprache und sakral-katholischem Bezug.

Bild oben: Der Komponist Olivier Messiaen am Klavier. **Bild unten:** Innenraum der Pariser Kirche »La Trinité«, in der Messiaen als Organist wirkte.

DMITRI SCHOSTAKOWITSCH (1906–1975)

103 »Leningrader Sinfonie« (1941)

Eine Sinfonie des Krieges

Am 22. Juni 1941 begann eine neue Phase des zwei Jahre zuvor begonnenen Zweiten Weltkrieges: Deutsche Truppen überquerten die Grenze zur Sowjetunion. Den Komponisten Dmitri Schostakowitsch erreichte die Nachricht von der deutschen Invasion, als er am Konservatorium unterrichtete – in Leningrad, dem heutigen Sankt Petersburg. Die Erfahrungen dieser Tage formten sich zu einer Komposition, die zu seiner legendärsten werden sollte: Am 19. Juli begann er mit seiner 7. Sinfonie, die im März des darauffolgenden Jahres ihre Uraufführung erlebte – dies allerdings in Kuibyschew, wohin Schostakowitsch evakuiert worden war. Die Leningrader, die in der Stadt geblieben waren, wurden Opfer einer langjährigen Blockade, bei der über eine Million Menschen umkamen. Die meisten verhungerten.

Schostakowitsch lebte im ständigen Zwiespalt zwischen Ablehnung durch das Sowjetregime, dem Zwang, der offiziellen Kulturpolitik gerecht zu werden, und der inneren Emigration. Seine Oper »Lady Macbeth von Mzensk« hatte 1936 den Unwillen der Staatsführung erregt. Der Komponist wich vorübergehend in die Produktion unverdächtiger Unterhaltungsmusik aus. So etwa in den sogenannten »Jazz-Suiten«. Ein Walzer daraus wurde in den letzten Jahren wieder populär.

Die »Leningrader Sinfonie«, die unmissverständlich die heranrollende Kriegsmaschinerie, die Trauer über die Verluste und den Kampf in Gestalt von zitierten Volksliedern inszeniert, widmete er ausdrücklich den Menschen, »die in ihrem im Namen des Sieges geführten Kampf gegen den Feind zu Helden werden«. Typisch für Schostakowitsch ist aber auch eine gewisse Doppeldeutigkeit, denn an anderer Stelle heißt es, die Siebte sei nicht »bloß das Echo auf Hitlers Überfall. Ich dachte an ganz andere Feinde der Menschheit«.

Bild oben: **Deutsche Wehrmachtssoldaten bei Leningrad.** Bild unten: Unter der Belagerung Leningrads litt vor allem die Zivilbevölkerung. Das Foto entstand nach der Befreiung durch die Rote Armee.

HEITOR VILLA-LOBOS (1887–1959)

104 Bachianas Brasileiras
(1930–1944)

Klassik aus den Tropen

Lange Zeit war Lateinamerika, was klassische Musik betraf, auf den Import aus Europa angewiesen. In Brasilien beendete diesen Zustand der in Rio de Janeiro geborene Komponist Heitor Villa-Lobos. Er lernte das Violin- und Cellospiel von seinem Vater, einem Bibliothekar. Und dieser hatte für seinen Sohn eigentlich den Arztberuf vorgesehen. Doch Villa-Lobos widersetzte sich und schloss sich lieber Musikensembles an, die in Kaffeehäusern spielten. Er hatte allerdings ein höheres Ziel, als sich mit Unterhaltungsmusik durchzuschlagen: Er wollte eine Synthese aus den Traditionen seines Landes und denen der Klassik aus Europa schaffen. In den sogenannten »Choros« machte er einen ersten Vorstoß. Ein Studienaufenthalt in Paris in den 20er Jahren versorgte ihn aus erster Hand mit Kenntnissen über die Musik der Alten Welt. Im Wesentlichen schulte sich Villa-Lobos übrigens autodidaktisch. Darin ähnelt er seinem nordamerikanischen Zeitgenossen George Gershwin, der Klassik und Jazz verband.

Villa-Lobos war ein großer Verehrer der Musik von Johann Sebastian Bach, deren formale und mathematische Finesse sich auf den ersten Blick kaum mit den komplizierten Rhythmen und der von Improvisation und Spontanität geprägten Volksmusik Brasiliens verbinden lässt. Doch zwischen 1930 und 1944 widmete er sich intensiv dem Projekt der sogenannten »Bachianas Brasileiras«. Von den neun Suiten in verschiedenen Besetzungen ist vor allem die fünfte sehr bekannt geworden. Ihren unverwechselbaren Klang verdankt sie einem Ensemble aus acht Violoncelli, die einen Solosopran begleiten. Die seltene Instrumentengruppierung sollte lange ohne Nachahmung bleiben. Als sich 1972 die heute populären zwölf Cellisten der Berliner Philharmoniker zusammenfanden, um diesen besonderen Sound als festes Ensemble zu pflegen, wurde die Nummer fünf aus den »Bachianas Brasileiras« ihr Repertoireklassiker.

Der Komponist Heitor Villa-Lobos – der erste brasilianische Klassiker, der die Musik seines Heimatlandes mit den Traditionen Europas verband.

RICHARD STRAUSS (1864–1949)

105_Metamorphosen (1945)
Klage eines 80-Jährigen

Das Jahr 1945 erlebte Richard Strauss als 80-Jähriger. Seine Heimatstadt München war wie andere deutsche Metropolen zerstört, seine Hoffnung auf die deutsche Kulturnation unter Trümmern begraben. Der greise Komponist schrieb in den letzten Kriegswochen seinen Schmerz über diesen Untergang auf Notenpapier nieder. Die so entstandenen »Metamorphosen« sind ein Klagegesang – »ein Weinen ohne Ende« nannte es der Strauss-Biograf Franzpeter Messmer. Außergewöhnlich ist die Besetzung: Weder ein Orchester noch eine Kammermusikformation nutzte Strauss, sondern 23 solistische Streichinstrumente, was dem Werk einen besonderen, transparenten Klang verleiht. Zehn Violinen, fünf Bratschen, fünf Violoncelli und drei Kontrabässe spielen teilweise eigenständige Parts, verbinden sich in anderen Passagen zu orchestralen Gruppen, trennen sich wieder, knüpfen an andere Stimmen an, bilden in einem komplizierten Geflecht einen scheinbar unaufhörlichen »Klangfluss«. Am Ende, fast unbemerkt, taucht in der tiefsten Lage ein Zitat aus dem langsamen Satz – dem Trauermarsch – aus Beethovens Sinfonie Nr. 3 auf, versehen mit der rätselhaften Bemerkung »In memoriam«. Strauss war die Einzigartigkeit des Werkes bewusst: Im Untertitel nannte er es »Studie«.

Richard Strauss hatte die Nationalsozialisten kritisiert, aber er hatte sich mit ihnen arrangiert. Zeitweise war er Präsident der Reichsmusikkammer gewesen. Er hatte stets in seiner Heimat in großem Reichtum gelebt, war nicht emigriert. Das Land verließ er erst im Oktober 1945 in Richtung Schweiz, wo die Versorgung mit Medikamenten besser und er vor den Entnazifizierungsprozessen sicher war. Die Frage muss erlaubt sein: Was genau betrauerte Strauss in seinen »Metamorphosen«?

Sicher ist: Der Komponist hat mit der Beherrschung der fast zwei Dutzend Solostimmen noch einmal größte kompositorische Meisterschaft bewiesen.

Bild oben: Der zerbombte Wittenberg-Platz in Berlin im März 1945. Die Schilder informieren, wohin die vorher ansässigen Geschäfte provisorisch umgezogen sind. Bild unten: Das vom Krieg zerstörte Deutschland war Anlass für die ausdrucksgewaltigen »Metamorphosen« – einem der letzten Werke von Richard Strauss.

JOHN CAGE (1912–1992)

106 — 4' 33" (1952)
Stille, die keine ist

Ein Pianist kommt auf die Bühne, setzt sich an sein Instrument, hebt die Hände – und wartet genau vier Minuten und 33 Sekunden, ohne eine Taste zu berühren. Dann steht er auf, verbeugt sich und nimmt den Applaus des Publikums entgegen. Vielleicht sind auch ein paar Buhrufe darunter – denn so mancher wird sich fragen: Soll das jetzt Musik gewesen sein?

Ja, es war Musik, genauer das legendäre Stück »4' 33"«, das wir hier beschrieben haben – eine Komposition des Amerikaners John Cage. Sein Name steht für viele radikale kompositorische Verfahrensweisen, die sich aus vielfältigen philosophischen Richtungen speisen. Neben dem geradezu berüchtigten, mit Nägeln, Gummistücken und anderem »präparierten Klavier«, das Cage seit 1940 beschäftigte, war es vor allem der avantgardistische Ansatz einer Zufallsmusik, der ihn faszinierte. Sein radikales Werk »4' 33"«, das übrigens nicht explizit für Klavier gedacht ist, sondern von jeder Besetzung aufgeführt werden kann, entstand 1952. Cage führte damit eine künstlerische Idee ins Extrem, die ihn schon lange gefangen nahm: den schaffenden Willen des Komponisten aus einer Komposition herauszuhalten, seine Persönlichkeit verschwinden zu lassen. Es ist die totale Umkehrung des Genie-Gedankens, der die traditionelle Klassik prägt.

Was ist in dieser viereinhalbminütigen Pause zu hören? Nichts? Weit gefehlt! Selbst in schalltoten Räumen entsteht Klang – allein durch die Anwesenheit eines hörenden Körpers. Cage hat das erforscht – und kam zu dem Schluss: »Wie sehr wir auch versuchen mögen, Stille zu erzeugen, es gelingt uns doch nicht. Es gibt keine Stille, die nicht klangträchtig ist.« Und so besteht die »Musik« in »4' 33"« eben in dem, was in dem jeweiligen Raum ertönt. Ob im Konzertsaal, in einer Kirche, einer Bahnhofshalle oder im Wald: »4' 33"« klingt immer anders, wenn man seine Ohren öffnet. Man muss es erlebt haben.

Keine einzige Note erklingt in John Cages Werk 4' 33". Daher gibt es auch nichts zu hören, denkt man. Aber stimmt das wirklich?

LEONARD BERNSTEIN (1918–1990)

107 __ West Side Story (1957)
Straßenkämpfe zwischen den Genres

Für viele war der Amerikaner Leonard Bernstein das letzte große Universalgenie der Musik: Er war Komponist, Pianist, Dirigent und Lehrer. In heute legendären Fernsehsendungen erklärte er Menschen aller Altersgruppen, worin die Faszination einer Sinfonie oder einer Fuge besteht. Gleichzeitig kümmerte er sich herzlich wenig um die in Europa so gängige Trennung zwischen »ernster Musik« und »Unterhaltung«, und so ist es kein Wunder, dass auch in seinem berühmtesten Werk »West Side Story« die Genregrenzen verschwimmen.

Ist es eine Oper? Ist es ein Musical? Für das eine spricht der universelle, ernste Stoff des Dramas, für das andere die Eingängigkeit der Musik. Dabei ist »West Side Story« eine Tragödie (was wieder gegen die Genreregeln des Musicals spricht), und seine literarische Vorlage stammt von einem der größten Theatergenies überhaupt: William Shakespeare.

Wir erleben die Geschichte des Liebespaares Romeo und Julia in New York. Die in der Shakespeare-Vorlage verfeindeten Familien sind zwei rivalisierende Straßenbanden, denen die Liebenden jeweils nahestehen: die amerikanischen »Jets« (aus ihren Reihen stammt Tony) und die »Sharks« – Einwanderer aus Puerto Rico, zu denen Tonys Liebe Maria gehört. Am Ende unterliegt Tony in dem Zwist und stirbt bei einer Schießerei.

Mit der »West Side Story«, die 1957 ihre Uraufführung erlebte, kamen zum ersten Mal Einwandererprobleme auf eine Musiktheaterbühne. Das Stück bietet einen großen Kontrast zu den damals so beliebten realitätsfernen Phantasiestücken, die den Broadway beherrschten. Keine Frage, dass das Thema dieses Werkes auch heute noch nichts von seiner Aktualität verloren hat.

Betrachtet man es als Oper, handelt es sich wahrscheinlich um die einzige aus der zweiten Hälfte des 20. Jahrhunderts, die der Musikwelt Evergreens bescherte: »Tonight«, »Maria« oder »I like to be in America«.

Eines der größten musikalischen Universalgenies der Musik des 20. Jahrhunderts: Leonard Bernstein – Dirigent, Komponist, Pianist, Pädagoge und Schöpfer der »West Side Story«.

REMO GIAZOTTO (1910–1998)

108 Adagio nach Albinoni
(1958)

Das Werk, das es nicht gibt

Es ist der Inbegriff eines »Adagios« – also eines sehr langsamen, getragenen, in diesem Fall auch traurigen Stückes. Beliebt ist das Werk als Untermalung von Begräbnissen. Die unbarmherzig absteigenden Melodiebögen scheinen Verzweiflung auszudrücken. Der feierlich schreitende Grundrhythmus erinnert an einen Trauermarsch.

Das Werk läuft unter dem Namen des Vivaldi-Zeitgenossen Tomaso Albinoni (1671–1751). Aber hat er dieses berühmte Stück überhaupt geschaffen? Sicher ist: Den allergrößten kreativen Anteil daran hatte nicht er, sondern ein Mann, der etwa 200 Jahre später lebte: Remo Giazotto – ein italienischer Musikforscher und Albinoni-Biograf. Der Musikhistoriker aus Rom war alles andere als ein trockener Theoretiker. Als ausgebildeter Komponist muss seine Phantasie eine ganz außergewöhnliche Anregung erfahren haben, als er in der Dresdner Staatsbibliothek auf ein Notenfragment von Tomaso Albinoni stieß. Es waren nicht mehr als sechs Takte, Teil einer fragmentarisch überlieferten Violinsonate, aus denen Giazotto das 1958 erschienene »Adagio« machte – geschrieben für Streichorchester und Orgel.

Rekonstruktion? Neuschöpfung? Neobarocke Stilnachahmung? Man weiß nicht so recht, wie man das Werk bezeichnen soll, wobei diese Probleme seiner riesigen Popularität keinen Abbruch tun. Und diese ist vielleicht ein guter Anlass, auch den alten Meister Albinoni zu würdigen. Sein Werk umfasste mehr als 50 Opern und eine Fülle von Instrumentalmusik, die übrigens keinen Geringeren als den deutschen Zeitgenossen Johann Sebastian Bach zu Bearbeitungen anregte. So eignete er sich den damals so populären italienischen Konzertstil an und erwies gleichzeitig Albinoni seine Reverenz. Am Rande sei erwähnt, dass Albinonis »Adagio« wegen Giazottos Anteil an der Komposition eines der wenigen GEMA-pflichtigen Barockwerke ist – wahrscheinlich das einzige!

Tomaso Albinoni (links) zusammen mit den heute vergessenen Musikerkollegen Domenico Gizzi (auch: Egizio) und Giuseppe Colla auf einem Kupferstich.

GYÖRGY LIGETI (1923–2006)

109 Poème symphonique (1962)

Ein »Folterinstrument« macht Musik

Er baute mechanische Musikinstrumente und Fußprothesen, konstruierte für den schwerhörigen Beethoven Hörrohre und machte Furore mit einem Schachroboter. Womit der »k. k. Hof-Kammermaschinist« Johann Nepomuk Mälzel (1772–1838) jedoch besonders berühmt wurde, steht heute noch neben Notenständern oder auf Klavieren. Es ist das Metronom – 1816 in Paris zum Patent angemeldet und eine Revolution für die Musik. Eigentlich ist es kaum mehr als ein tickendes Uhrwerk, dessen Schläge man auf eine bestimmte Anzahl pro Minute einstellen kann. Zum einen war es Komponisten nun möglich, das genaue Tempo ihrer Werke durch eine entsprechende Notiz an die Nachwelt weiterzugeben. Zum anderen konnten Schüler ihre Stücke von langsam bis immer schneller üben – durch leichtes, aber stetiges Anziehen der Temposchraube. Einer der Ersten, der Metronomangaben in seine Noten schrieb, war übrigens Beethoven.

Dass so ein Gerät den Übenden nicht nur zum Segen gereicht, sondern auch eine Art von Folterinstrument darstellt, kann man sich denken. Mit dieser Doppelbedeutung spielt das Werk, das der ungarische Avantgarde-Komponist György Ligeti 1962 komponierte: das »Poème symphonique« für 100 Metronome.

Ligetis Spezialität waren extrem verästelte Mikrostrukturen und die Schichtung verschiedener Zeitabläufe. Was sich so theoretisch liest, fasziniert Millionen, seit Ligetis Chorwerk »Lux Aeterna« im Kultfilm »2001: Odyssee im Weltraum« Verwendung fand. Ligeti komponierte keine Melodien, keine Harmonien, sondern sich bewegende Klangflächen. Sein Metronom-Stück erzeugt scheinbar nichts als eine »Geräuschwolke«, wobei die Geräte allein durch mechanische Ungenauigkeiten nach und nach aus dem Takt geraten, sodass sich überlagernde »Klanginseln« entstehen, musikalisch-rhythmische Universen mit unterschiedlichen Zeitverläufen.

»Marterinstrument« für Übende – aber auch selbst ein Instrument, mit dem man Musik machen kann: das von Johann Nepomuk Mälzel erfundene Metronom.

110 Sinfonie der Klagelieder (1976)
Der Chartbreaker vom Neue-Musik-Festival

1993 wurde die Musikwelt Zeugin eines Erfolges, wie man ihn auch durch ausgeklügeltste Marketingmaßnahmen kaum herbeiführen könnte. In den Pop-Charts erschien eine klassische Sinfonie – aber nicht aus der Feder eines Mozart oder Beethoven. Megastars wie Michael Jackson oder Madonna erhielten Konkurrenz von dem 1933 geborenen Polen Henryk Górecki sowie von der amerikanischen Sopranistin Dawn Upshaw und dem Orchester »London Sinfonietta« unter der Leitung von David Zinman. Rätselhaft bleibt, warum gerade dieses Werk in gerade dieser Aufnahme so populär wurde. Es hatte schon vorher Einspielungen gegeben, doch die waren nur innerhalb der Klassikwelt zur Kenntnis genommen worden. Der Erfolg des Stückes selbst ist vielleicht doch erklärbar: Das emotionale Werk ist bei Weitem nicht so avantgardistisch oder unzugänglich, wie das Entstehungsdatum vermuten lässt.

Górecki schrieb seine dritte Sinfonie als Auftragswerk für ein Neue-Musik-Festival im französischen Royan. Seit Vorbildern wie Gustav Mahler oder Dmitri Schostakowitsch haben Komponisten immer wieder auch die menschliche Stimme in die eigentlich rein orchestrale Gattung »Sinfonie« integriert. Das berühmteste Beispiel dafür war bereits Beethovens »Neunte« mit ihrem Bekenntnis zu einer alle Menschen umfassenden Brüderlichkeit. Górecki – Zeitgenosse des 20. Jahrhunderts und seiner Kriegsschrecken – suchte sich ein anderes Thema: Seine Dritte ist die »Sinfonie der Klagelieder«. Die zugrunde liegenden Texte stammen aus einem mittelalterlichen Kloster, von der Zellenwand eines Gestapo-Gefängnisses und aus einem Volkslied. Górecki vereinte so Motive aus der Geschichte seines Heimatlandes mit den katholischen Traditionen, die diese Geschichte geprägt haben. Und auch andere seiner Werke nehmen auf sie Bezug. Etwa eine Messe, die er 1979 für den polnischen Papst Johannes Paul II. schrieb.

Völlig überraschend landete seine 3. Sinfonie in den Charts: der polnische Komponist Henryk Górecki.

ARVO PÄRT (1935)

111 Fratres (1977)
Klanggebäude aus der Weltformel

Wer unter moderner Musik etwas versteht, das atonal, dissonant daherkommt, wird sich wundern, wenn er etwas von Arvo Pärt hört: Seine Kompositionen zeichnen sich gerade dadurch aus, dass er Attitüden der Avantgarde missachtet. Sie bestehen aus den sieben gewohnten Tönen der Tonleiter, sie folgen klaren Regeln, es gibt die guten alten konsonanten Dreiklänge. Doch »leicht« ist die Musik trotzdem nicht – gerade weil sie sich geradezu asketisch auf einige wenige Elemente konzentriert. Pärts Musik ist wie der Besuch in einem Zen-Kloster: Zu Beginn ist man als lärm- und hektikgeplagter Zeitgenosse erleichtert über die Ruhe, bis man dann lernen muss, diese auszuhalten. Und so hat Pärts Musik nicht zuletzt in einem ganz bestimmten Kulturkreis ihre Fans gefunden: in der New-Age-Bewegung.

1935 im einst sowjetischen Estland geboren, kam Pärt über Israel und Wien 1981 nach Berlin. Die Sparsamkeit seines Stils lernte er durch intensive Studien der Musik aus Mittelalter und Renaissance. »Fratres« von 1977 ist eines der ersten Werke dieser Art, die Pärt selbst »Tintinnabuli«-Stil nennt – vom lateinischen »Tintinnabulum« für »Glöckchen«. Wie in einem Glockenspiel mit geringem Tonumfang entsteht die Spannung auf der kleinsten Ebene, auf der Formel, nach der die wenigen Töne angeordnet werden. Pärt schrieb »Fratres« für unterschiedliche Besetzungen. In jeder beginnen die hohen Stimmen mit einer musikalischen »Formel«, die sich nach einem mathematisch genau festgelegten Prinzip verändert – bis sich am Ende des Stückes dieses Muster dann »ausgespielt« hat.

Was sich hier so kühl und berechnend liest, klingt wie das musikalische Pendant zu geheimnisvollen Algorithmen aus der Natur, wie ein Gegenstück zu den Fraktal-Mustern der Chaosforschung. Eine Musik wie aus einer Weltformel gespeist: Darin könnte die Faszination von Pärts Musik begründet sein.

Der Komponist Arvo Pärt – Vertreter eines modernen spirituellen Musikstils.

ANONYM

112 — Zugabe: Flohwalzer
(Entstehungsdatum unbekannt)
Polka, Walzer oder Katzenmarsch?

Der bekannteste Klavierwalzer ist gar keiner. Er ist eigentlich eine Polka. Aber das kümmert die vielen musikalischen Laien, die ihn gerne auf jedem zufällig offen stehenden Klavier klimpern, wenig. Jeder kann ihn spielen. Notenkenntnisse braucht es dafür nicht. Man muss nur ein bisschen die Ordnung der schwarzen Tasten im Auge behalten.

Die Rede ist vom berühmten »Flohwalzer«, dessen Popularität nicht darüber hinwegtäuschen darf, dass er auch von vielen Geheimnissen umgeben ist. Wer hat ihn komponiert? Ein gewisser Ferdinand Loh (daher »F. Loh-Walzer«), behauptet der Musikwissenschaftler Eric Baumann in einem Buch aus dem Jahre 1996. Ferdinand Alfred Gustav Loh (1869–1927) sei in Kniphausersiel in Ostfriesland als Sohn des Dorfschullehrers zur Welt gekommen und habe seinen »Walzer« 1890 nach intensiven Musikstudien geschaffen. Baumanns Abhandlung ist eine amüsante Satire, die die Mysterien des Werkes eher noch unterstreicht als erklärt. Bleibt man bei der Realität, dann zeigt sich eine internationale Bekanntheit des »Flohwalzers« über Europa hinaus. Er kursiert unter verschiedenen Namen: Die Bulgaren nennen das Stück zum Beispiel »Katzenmarsch«, die Chinesen »Marsch der Diebe«, die Mexikaner »Kleine Äffchen« und die Ungarn »Eselsmarsch«. Bei den Franzosen heißt er seltsamerweise »Rippchen« und bei den Spaniern »Schokoladenkanne«.

Das wenig verbreitete Notenschriftbild des Stückes könnte versierten Pianisten übrigens einen Schreck einjagen. Der »Flohwalzer« steht in der seltenen Tonart Ges-Dur oder (je nach Notierung) Fis-Dur. Eine große Menge der bei musikalischen Amateuren nicht gerne gesehenen B-Vorzeichen oder Kreuzen erwartet also den Pianisten.

Auch eine Pop-Version des Stückes gibt es: Sie stammt vom britischen Pianisten Russ Conway und eroberte 1962 die Charts. Hier ist der »Flohwalzer« übrigens als Boogie-Woogie arrangiert.

Kann dieses Tier tanzen? Immerhin ist ihm ein berühmter Walzer gewidmet – der aber gar kein Walzer ist …

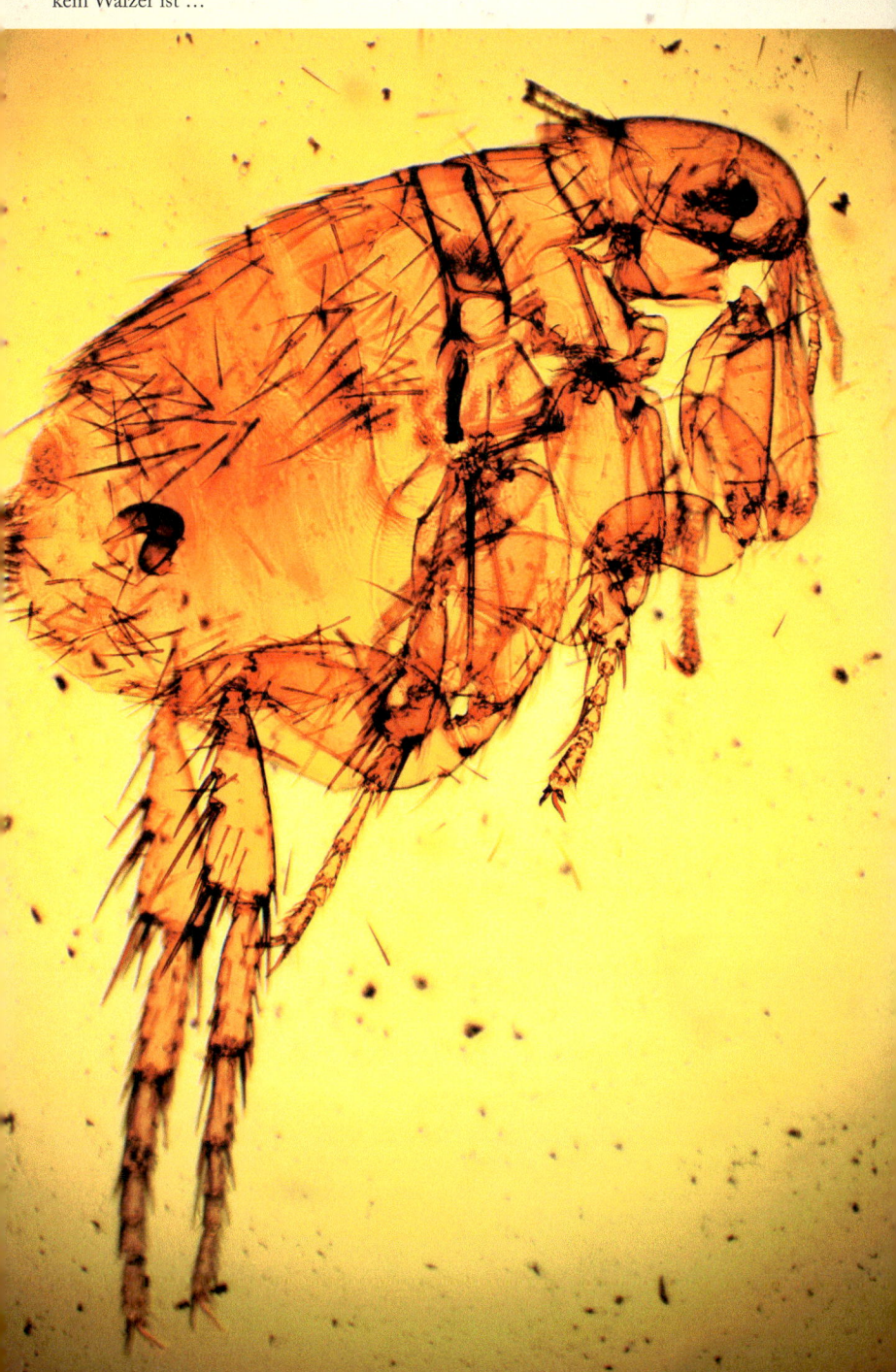

Bildnachweis

1. Gregorianischer Choral (um 600) – shutterstock/pedrosala
2. Missa Papae Marcelli (1562) – shutterstock/S-F
3. Madrigale (1594–1611) – akg-images/De Agostini Picture Lib./ A. Dagli Orti
4. L'Orfeo (1607) – akg-images/Cameraphoto
5. Miserere (um 1638) – mauritius images/age fotostock/LarreaJ
6. Ballet de la Nuit (1653) – shutterstock/CIS
7. Kanon in D-Dur (zwischen 1677 und 1695) – shutterstock/ Carolina K. Smith MD
8. Te Deum (1692) – Shutterstock/David McTavish
9. La Follia (vor 1700) – Shutterstock/Evannovostro
10. »Brandenburgische Konzerte« (1721) – Bild oben: akg-images; Bild unten: Notenblatt (gemeinfrei)
11. »Air« D-Dur (um 1722) – shutterstock/Everett Historical
12. »Die vier Jahreszeiten« (1725) – shutterstock/S-F
13. Coronation Anthems (1727) – picture alliance/augenklick/GES
14. Matthäus-Passion (1727) – Shutterstock/Skunk Taxi
15. Xerxes (1738) – mauritius images/Peter Horree/Alamy
16. »Teufelstriller-Sonate« (1740) – shutterstock/visualpower
17. Der Messias (1741) – akg-images
18. »Goldberg-Variationen« (1742) – picture alliance/empics
19. Feuerwerksmusik (1749) – Bild oben: Balthasar Denner: Porträt von Georg Friedrich Händel, 1726-1728 (gemeinfrei); Bild unten: akg-images
20. Die Kunst der Fuge (1750) – Bild oben: akg-images; Bild unten: Notenblatt (gemeinfrei)
21. Flötenkonzert Nr. 3 C-Dur (Entstehungszeit unbekannt) – Adolph Menzel: Flötenkonzert Friedrichs des Großen in Sanssouci, 1850–1852 (gemeinfrei)
22. Klavierstücke KV 1 (1761) – shutterstock/maudanros
23. Menuett A-Dur (1771) – shutterstock/JRP Studio
24. »Abschiedssinfonie« (1772) – mauritius images/imageBROKER/ Bildverlag Bahnmüller
25. Eine kleine Nachtmusik (1787) – shutterstock/T.Karanitsch
26. Don Giovanni (1787) – akg-images
27. »Jupiter-Sinfonie« (1788) – akg-images
28. Klarinettenkonzert (1791) – shutterstock/Rachel Sanderoff
29. Requiem (1791) – Bild oben: letzte Seite des Arbeitsmanuskripts von Mozarts Requiem (gemeinfrei); Bild unten: mauritius images/ SuperStock/©SuperStock

30. »Sinfonie mit dem Paukenschlag« (1792) – mauritius images/ United Archives
31. »Kaiserquartett« (1797) – Friedrich Amerling: Franz I. mit den Insignien des Kaisertums Österreich, 1832 (gemeinfrei)
32. Andante favori (1803/1804) – mauritius images/Classic Image/Alamy
33. Requiem c-Moll (1804) – akg-images
34. Sinfonie Nr. 5 (1808) – mauritius images/SuperStock/Fine Art Images
35. »Für Elise« (1810) – shutterstock/Blazej Lyjak
36. Der Barbier von Sevilla (1816) – akg-images
37. Capricen (1817) – Georg Friedrich Kersting: Paganinis Spiel in hoher Lage, 1830/1831 (gemeinfrei)
38. »Forellenquintett« (1819) – © Wikimedia Commons/Christoph Waghubinger (Lewenstein): Die 1890 enthüllte Gedenkplakette am Steyrer Schuberthaus, Stadtplatz Nr. 16 vom Künstler Viktor Tilgner.
39. Der Freischütz (1821) – akg-images
40. Sinfonie h-Moll »Unvollendete« (1822) – mauritius images/Frauke/
41. Sinfonie Nr. 9 (1824) – shutterstock/DenisFilm
42. »Ave Maria« (1825) – shutterstock/Everett Historical
43. Norma (1831) – picture alliance/PictureLux
44. Symphonie fantastique (1830, revidiert 1832) – shutterstock/ Everett Historical
45. Sinfonie Nr. 4 A-Dur op. 90 »Italienische« (1833) – shutterstock/ ronnybas
46. Soirèes musicales op.6 (1836) – Bild oben: Clara Schumann, 1857 (gemeinfrei); Bild unten: Hundertmarkschein (gemeinfrei)
47. Kinderszenen op. 15 (1838) – mauritius images/Chris Hellier/Alamy
48. 24 Préludes op. 28 für Klavier (1839) – shutterstock/footageclips
49. »Gefangenenchor« aus der Oper Nabucco (1842) – Bild oben: shutterstock/Catarina Belova; Bild unten: mauritius images/Prisma/ Silvan Mats
50. »Hochzeitsmarsch« (1843) – mauritius images/United Archives
51. Ungarische Rhapsodie Nr. 2 c-Moll (1847) – Henri Lehmann: Franz Liszt, 1839 (gemeinfrei)
52. Liebestraum Nr. 3 As-Dur (1850) – mauritius images/Falkenstein/ Bildagentur-online Historical Collect./Alamy
53. Sinfonie Nr. 3 Es-Dur op. 97 »Rheinische« – Bild oben: akg-images; Bild unten: © Wikimedia Commons/Sir James: Schumannhaus in Bonn-Endenich: ehemalige private psychiatrische Klinik, in welcher Robert Schumann starb. Nun Gedenkstätte und Musikbibliothek.
54. »Ave Maria« (1852) – mauritius images/imageBROKER/ bilwissedition
55. Variationen op. 23 (1863) – mauritius images/United Archives
56. Tristan und Isolde (1865) – shutterstock/Tamara Kulikova

57. An der schönen blauen Donau op. 314 (1867) – picture alliance/APA/picturedesk.com
58. Violinkonzert Nr. 1 g-Moll op. 26 (1868) – shutterstock/LaMiaFotografia
59. Siegfried-Idyll (1870) – shutterstock/Vaflya
60. Aida (1871) – Bild oben: shutterstock/travelview; Bild unten: shutterstock/WeronikaH
61. Bilder einer Ausstellung (1874) – Iwan Bilibin: Baba Jaga fliegt auf ihrem Mörser, 1899 (gemeinfrei)
62. Klavierkonzert Nr. 1 b-Moll op. 23 (1874) – akg-images
63. Carmen (1875) – akg-images
64. Die Moldau (1875) – shutterstock/Etienne Mortier
65. Der Ring des Nibelungen (1876) – mauritius images/imageBROKER/BAO
66. Sinfonie Nr. 1 (1876) – mauritius images/imageBROKER/Dr. Wilfried Bahnmüller
67. Sinfonie Nr. 4 (1881) – mauritius images/imageBROKER/Martin Siepmann
68. Der Karneval der Tiere (1886) – akg-images
69. Morgenstimmung (1888) – shutterstock/Svein Otto Jacobsen
70. Scheherazade op. 35 (1888) – Porträt von Sophie Gengembre Anderson (gemeinfrei)
71. 3 Gymnopédies (1888) – Suzanne Valadon: Porträt Erik Satie, 1893 (gemeinfrei)
72. Clair de Lune aus der Suite bergamasque (1890) – mauritius images/Science Photo Library/WLADIMIR BULGAR
73. Nussknacker-Suite (1892) – © dpa
74. Sinfonie Nr. 6 h-Moll op. 74 »Pathétique« (1893) – mauritius images/SuperStock/Fine Art Images
75. Sinfonie »Aus der Neuen Welt« (1893) – shutterstock/Centrill Media
76. Meditation aus der Oper Thaïs (1894) – mauritius images/imageBROKER/Peter Seyfferth
77. Also sprach Zarathustra op. 30 (1896) – mauritius images/WorldPhotos/Alamy
78. Enigma-Variationen op. 36 (1899) – mauritius images/Ian Dagnall/Alamy
79. Finlandia op. 26 (1899) – shutterstock/Aleksey Stemmer
80. Sinfonie Nr. 5 cis-Moll (1904) – Radierung von Emil Orlik: Gustav Mahler, 1902 (gemeinfrei)
81. La Mer (1905) – mauritius images/Loop RF
82. Le Poème de l'Extase op. 54 (1908) – akg-images
83. The Unanswered Question (1908) – mauritius images/Paul Helm Art/Alamy

84. Klavierkonzert Nr. 3 d-Moll op. 30 (1909) – akg-images
85. Adagio aus der Sinfonie Nr. 10 (1910) – Bild oben: akg-images; Bild unten: mauritius images/imageBROKER/KFS
86. Allegro barbaro (1911) – shutterstock/chrisdorney
87. Der Rosenkavalier (1911) – akg-images/Erich Lessing
88. Le sacre du printemps (1913) – Bild oben: privat; Bild unten: privat
89. Die Planeten op. 32 (1916) – mauritius images/Science Photo Library
90. Pacific 231 (1923) – akg-images/De Agostini Picture Lib./A. Dagli Orti
91. Klaviersuite op. 25 (1923) – akg-images
92. Rhapsody in Blue (1924) – Porträt von George Gershwin (gemeinfrei)
93. Turandot (1924) – shutterstock/life_in_a_pixel
94. Römische Trilogie (1916-1928) – shutterstock/afitz
95. Boléro (1928) – shutterstock/Everett – Art
96. Klavierkonzert für die linke Hand D-Dur (1930) – shutterstock/Tei Sinthip
97. Violinkonzert (1935) – mauritius images/United Archives
98. Porgy und Bess (1935) – akg-images
99. Adagio for Strings (1936) – akg-images/picture-alliance/dpa
100. Carmina Burana (1937) – picture alliance/Jazz Archiv
101. Concierto de Aranjuez (1939) – mauritius images/age fotostock/María Galán
102. Quartett für das Ende der Zeiten (1941) – Bild oben: © coll. Museum matheysin; Bild unten: shutterstock/photogolfer
103. »Leningrader Sinfonie« (1941) – Bild oben: akg-images; Bild unten: akg-images
104. Bachianas Brasileiras (1930–1944) – akg-images/De Agostini Picture Lib.
105. Metamorphosen (1945) – Bild oben: shutterstock/Everett Historical; Bild unten: shutterstock/Everett Historical
106. 4'33" (1952) – shutterstock/Aohodesign
107. West Side Story (1957) – © dpa Bilderdienste
108. Adagio nach Albinoni (1958) – akg-images
109. Poème symphonique (1962) – shutterstock /Catchlight Lens
110. Sinfonie der Klagelieder (1976) – mauritius images/Jeff Morgan 13/Alamy
111. Fratres (1977) – © dpa – Report
112. Flohwalzer (Entstehungsdatum unbekannt) – shutterstock/photowind

Autorenfoto (S. 240): Susanne Prothmann

Rike Wolf
111 Orte in Hamburg, die man gesehen haben muss
ISBN 978-3-89705-916-0

Rüdiger Liedtke
111 Orte auf Mallorca, die man gesehen haben muss
ISBN 978-3-89705-975-7

Lucia Jay von Seldeneck, Verena Eidel, Carolin Huder
111 Orte in Berlin, die man gesehen haben muss
ISBN 978-3-89705-853-8

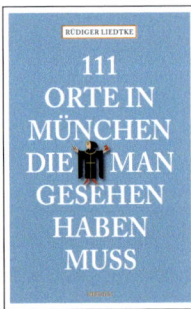

Rüdiger Liedtke
111 Orte in München, die man gesehen haben muss
ISBN 978-3-89705-892-7

Lucia Jay von Seldeneck, Verena Eidel, Carolin Huder
111 Orte in Berlin, die man gesehen haben muss
Band 2
ISBN 978-3-95451-207-2

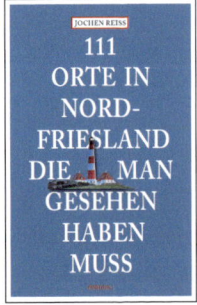

Jochen Reiss
111 Orte in Nordfriesland, die man gesehen haben muss
ISBN 978-3-95451-627-8

Bernd Imgrund, Britta Schmitz
111 Kölner Orte, die man gesehen haben muss
Band 1
ISBN 978-3-89705-618-3

Bernd Imgrund, Britta Schmitz
111 Kölner Orte, die man gesehen haben muss
Band 2
ISBN 978-3-89705-695-4

Mercedes Korzeniowski-Kneule
111 Orte in Basel, die man gesehen haben muss
ISBN 978-3-95451-702-2

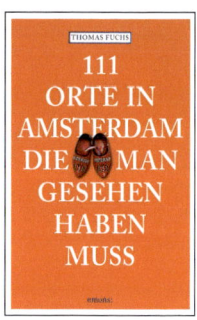

Thomas Fuchs
111 Orte in Amsterdam, die man gesehen haben muss
ISBN 978-3-95451-209-6

Annett Klingner
111 Orte in Rom, die man gesehen haben muss
ISBN 978-3-95451-219-5

John Sykes, Birgit Weber
111 Orte in London, die man gesehen haben muss
ISBN 978-3-95451-117-4

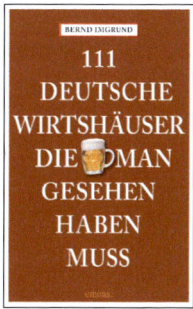

Bernd Imgrund
111 deutsche Wirtshäuser, die man gesehen haben muss
ISBN 978-3-95451-080-1

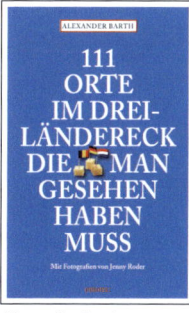

Alexander Barth,
Jenny Roder
111 Orte im Dreiländereck, die man gesehen haben muss
ISBN 978-3-95451-316-1

Gerald Polzer, Stefan Spath
111 Orte in Graz, die man gesehen haben muss
ISBN 978-3-95451-466-3

Stefan Spath
111 Orte in Salzburg, die man gesehen haben muss
ISBN 978-3-95451-114-3

Barbara Krull
111 Orte im Elsass, die man gesehen haben muss
ISBN 978-3-95451-596-7

Peter Eickhoff, Karl Haimel
111 Orte in Wien, die man gesehen haben muss
ISBN 978-3-89705-969-6

Der Autor

Oliver Buslau arbeitete nach seinem Studium der Musikwissenschaft bei der Schallplattenfirma EMI Classics. Er schrieb unzählige Einführungstexte für CD-Booklets und Programmhefte klassischer Konzerte, hält Vorträge und moderiert eine eigene Klassik-Sendung auf dem Radiosender »SecondRadio«. Seit zwei Jahrzehnten schreibt Buslau auch Kriminalromane, zum Teil mit Bezug zur klassischen Musik (»Schatten über Sanssouci«, »Feuer im Elysium«). Er spielt Bratsche in mehreren Amateurensembles. www.oliverbuslau.de